Mein Das bin ich! Lapbook

Doreen Blumhagen

Kopiervorlagen zum Schneiden, Falten und Weitergestalten

Verlag an der Ruhr

Impressum

Titel
Mein „Das bin ich!“-Lapbook
Kopiervorlagen zum Schneiden, Falten und Weitergestalten

Autorin
Doreen Blumhagen

Umschlagmotiv und Kapiteldeckblatt (S. 11)
Schriftzug: ABC_Farbkastenmalerei © undrey | Fotolia.com

Gestaltung des Lapbooks
Doreen Blumhagen
Verwendete Illustrationen: © Anja Boretzki (Fee, Kinder, Insel), © Eva Spanjardt (Taufe)
Verwendete Fotos: © Daniel Mock | Fotolia.com (Mädchen), © Doreen Blumhagen (Baby)

Druck
Heenemann GmbH & Co. KG, Berlin, DE

Verlag an der Ruhr
Mülheim an der Ruhr
www.verlagruhr.de

Geeignet für die Klassen 2–4

ISBN 978-3-8346-3117-6

Inhalt

Methodische und didaktische Hinweise

Wie entstanden Lapbooks?

Die ersten Lapbooks entstanden in der amerikanischen Homeschool-Bewegung. Dabei handelt es sich um eine besonders motivierende Möglichkeit für Schüler*, ihre Lern- und Arbeitsergebnisse zu einem Thema zu dokumentieren und zu präsentieren. Die Bezeichnung „Lapbook" bedeutet, dass die Mappe nur so groß ist, dass sie auf dem Schoß (engl. lap) des Schülers Platz hat.

Was ist ein Lapbook?

Lapbooks sind individuelle Portfolios, die selbstständig von den Schülern erarbeitet werden. Es sind mehrmals aufklappbare Entdeckermappen, die viele verschiedene Minibücher mit Informationen zu einem Gesamtthema enthalten. Das Besondere daran ist, dass diese Minibücher z. B. zuerst aufgeklappt, gedreht oder durchgeblättert werden müssen, um die Informationen lesen zu können, wodurch die Neugier beim Lesenden geweckt wird. Solche Minibücher können z. B. kleine Hefte, Drehscheiben, Pop-Up-Karten, Umschläge, Leporellos oder Faltbücher sein.

Diese werden von den Schülern selbstständig bastelnd, malend und schreibend zu den Teilthemen gestaltet. Dabei kann es sich z. B. um Zeichnungen, Geschichten, Diagramme, Grafiken, Landkarten oder Steckbriefe handeln.

Die fertigen Minibücher werden von den Schülern gesammelt und auf einen Tonkarton, meist in der Größe DIN A3, geklebt. Der Tonkarton selbst wird auf DIN-A4-Größe gefaltet. Auf diese Weise entsteht ein großes Buch mit vielen kleinen Büchern.

* Aus Gründen der besseren Lesbarkeit haben wir in diesem Buch durchgehend die männliche Form verwendet. Natürlich sind damit auch immer Frauen und Mädchen gemeint, also Lehrerinnen, Schülerinnen etc.

Wie kann ein Lapbook im Unterricht eingesetzt werden?

Thematisch können Lapbooks zu allen Sachthemen des Grundschulunterrichts angefertigt werden, bei denen Schüler selbstständig Informationen sammeln, erarbeiten und dokumentieren. Die Erarbeitung von Lapbooks ist leicht in die Werkstatt- oder Wochenplanarbeit integrierbar und kann fächerübergreifend eingesetzt werden.

Aber auch im lehrerzentrierten Unterricht können Lapbooks eine Bereicherung sein, indem in jeder Unterrichtsstunde einer Lerneinheit ein Minibuch zu einem Teilthema erstellt wird.

Was sind die Vorteile eines Lapbooks?

Durch die optische Besonderheit und den Bastelaspekt ist die Erstellung eines Lapbooks für die Schüler sehr **motivierend**, da sie die Möglichkeit haben, etwas Einzigartiges und Individuelles zu gestalten.

Die Schüler arbeiten **selbstständig** und setzen sich **vertieft** mit einem Thema auseinander.

Lapbooks ermöglichen es, Themen **differenziert und individuell** zu erarbeiten. So können leicht unterschiedliche Schwierigkeitsgrade durch Impulse und Aufgabenstellungen gesteuert werden. Die Schüler haben die Möglichkeit, Teilthemen auszuwählen und auf verschiedene Art und Weise zu präsentieren. Sie können leicht eigene Ideen einbringen.

Die Erstellung eines Lapbooks kann in **Einzel-, Partner- oder Gruppenarbeit** erfolgen und eignet sich dadurch auch für den **inklusiven Unterricht**.

Bei der Präsentation eines Lapbooks wird aufgrund des interaktiven Aspekts die **Neugier** bei dem Betrachter geweckt, immer wieder etwas Neues zu entdecken.

Lapbooks sind nach der Erarbeitung auch ideal zum **Lernen und Wiederholen** von Inhalten. Die Lösungen sind durch die Klappen zunächst abgedeckt. Die Schüler nennen die Lösungen und können diese eigenständig durch das Öffnen überprüfen.

Durch die Minibücher können **viele Informationen** zu einem Thema **auf wenig Platz** präsentiert werden. Das Lapbook wird auf DIN-A4-Größe gefaltet und passt, im Gegensatz zu einem herkömmlichen Plakat, in jeden Hefter. Als praktikabel hat sich die Aufbewahrung in einer Prospekthülle erwiesen.

Welches Material wird für die Gestaltung eines Lapbooks benötigt?

Zum Start benötigt jeder Schüler einen farbigen DIN-A3-Karton, der als Umschlag des Lapbooks auf DIN-A4-Größe gefaltet wird. Je nach Umfang der Arbeitsergebnisse kann dieser Umschlag während der Gestaltung des Lapbooks leicht durch einen zusätzlichen DIN-A3-Karton oder Einzelklappen für weitere Minibücher erweitert werden.

Für die Gestaltung der Minibücher eignen sich verschiedene Faltvorlagen in DIN A4, die kopiert und den Schülern zur Verfügung gestellt werden können. Die Schüler haben jedoch auch die Möglichkeit, eigene Minibücher zu entwerfen. Für die Gestaltung der meisten Faltvorlagen benötigen die Schüler Kleber, Schere sowie Bunt- und Schreibstifte. Für Drehelemente werden außerdem oft Musterklammern eingesetzt. Es bietet sich zudem an, ein Heftgerät zur Verfügung zu stellen.

Was muss für die Gestaltung eines Lapbooks vorbereitet werden?

Für die selbstständige Erarbeitung der Inhalte benötigen die Schüler Sachtexte, Lexika, Bilder usw. zu ihrem Thema. Zum Sammeln dieser Informationen sollten die Schüler ca. zwei Wochen Zeit bekommen. Hierzu bietet sich auch eine Einheit zur Recherche im PC-Raum an. Die anschließende Erarbeitung im Lapbook sollte durch Impulse gesteuert werden, jedoch genug Freiraum für eigene Ideen bieten.

Um den Schülern die Erstellung der Minibücher zu erleichtern, bietet es sich an, alle Vorlagen vorzubasteln und ihnen als Anschauungsbeispiel (ohne Inhalt) zur Verfügung zu stellen. Diese können auf einem Plakat oder in mehreren Lapbooks zentral im Klassenzimmer bereitgestellt werden.

Wie können Lapbooks präsentiert werden?

Aufgrund des interaktiven und entdeckenden Prinzips eines Lapbooks bietet sich die **mündliche Präsentation vor der Gesamtklasse** als Vortrag in einem Sitzkreis an. Idealer ist es, wenn sich die Schüler ihre Lapbooks in Partner- oder Kleingruppenarbeit vorstellen und „ausprobieren" können. Dazu klappen sie die Elemente auf und betrachten sie. Dabei ist es möglich, Fragen an den Schüler zu stellen, der das Lapbook erarbeitet hat.

Es ist auch möglich, die Arbeitsergebnisse in einem **Museumsrundgang** auszustellen und zu präsentieren. Dazu werden die Lapbooks auf Tischen ausgelegt, die möglichst weit voneinander entfernt stehen. Auf diese Weise wird der Klassenraum zum Museum, das besichtigt wird. Anschießend bieten sich zwei verschiedene Präsentationsformen an:

1) Um das persönliche, entdeckende Lernen zu fördern, sehen sich die Schüler die Lapbooks in **Einzel- oder Partnerarbeit** an und wechseln nach einer vorgegebenen Zeit die Tische.
2) Wurde zuvor in Gruppen gearbeitet, ist es möglich, dass die einzelnen Lapbooks durch „Experten" in **Kleingruppen** präsentiert werden. Die Gruppen werden neu gemischt und so zusammengestellt, dass niemand innerhalb der Gruppe vorher zusammengearbeitet hat. Die Gruppe wandert nun von Tisch zu Tisch, um sich die Lapbooks anzuschauen. Der jeweilige Schüler, der daran mitgearbeitet hat, präsentiert als Experte den Inhalt des Lapbooks.

Wie können Lapbooks bewertet werden?

Ein Lapbook kann zum einen nur als Leistungsdokumentation des Lernstandes und der individuellen Entwicklung eingesetzt werden. Zum anderen ist jedoch auch möglich, es bewusst als Instrument für eine Leistungsbewertung zu wählen.

Da das Gestalten eines Lapbooks Zeit in Anspruch nimmt, sollte dieses sowohl prozess- als auch ergebnisorientiert bewertet werden. Wichtig ist, dass die Kriterien für die Bewertung vorher genau festgelegt und transparent erklärt werden. Folgende Kriterien bieten sich an:

◎ Arbeitsverhalten

Die Erarbeitung eines Lapbooks geht prozessorientiert in die Bewertung ein. Hier spielen folgende Faktoren eine Rolle: Motivation, Selbstständigkeit, planvolles Vorgehen sowie konzentriertes und ausdauerndes Arbeiten.

◎ Gestaltung

Für eine ansprechende Gestaltung des Lapbooks ist es wichtig, dass die einzelnen Elemente sauber ausgeschnitten, gefaltet, geklebt, ausgemalt und beschrieben wurden. Im Fach Deutsch kann die Rechtschreibung einbezogen werden. Für das entdeckende Lernen sollten verschiedene Formate von Minibüchern ausgewählt und übersichtlich angeordnet sein, um bei dem Betrachter Neugier zu wecken. Eine besonders gute Gestaltung zeichnet sich durch eigene Bilder und das Einbringen eigener Ideen aus.

◎ Inhalt

Unabhängig vom jeweiligen Thema ist es wichtig, dass die Schüler den Inhalt vollständig, sinnvoll und richtig darstellen. Je nach Freiheit bei der Auswahl der Themen kann gefordertes Fachwissen mit Punkten versehen werden oder Punkte auf die allgemeine Richtigkeit des Themas gegeben werden. Wichtig ist, dass das Lapbook beim Leser einen Wissenszuwachs erreicht und nicht nur Allgemeinwissen dargestellt wird. Wenn eigene Meinungen gefordert werden, sollte auch die Art und Weise der Begründung in die Bewertung eingehen. Eine besonders gute inhaltliche Erarbeitung zeichnet sich durch das Einbringen eigener Ideen aus.

◎ Präsentation

Bei einer mündlichen Präsentation des Lapbooks vor der Klasse gelten die gleichen Kriterien wie bei einem Kurzvortrag. Hierzu zählen z. B. der sinnvolle Aufbau und die Anschaulichkeit durch Erklärungen und Beispiele. Auch die sprachliche Gestaltung, freies Sprechen, das Sprechen in ganzen Sätzen, Blickkontakt und die Körperhaltung sollten hier bewertet werden. Das Beantworten der Fragen von Mitschülern kann ebenfalls einbezogen werden.

Wenn statt einer mündlichen Präsentation eine Ausstellung (z. B. Museumsgang) gewählt wird, kann die Bewertung auch durch Klebepunkte erfolgen. Dabei können die Schüler für jedes Lapbook höchstens drei Klebepunkte für die Gestaltung, den Inhalt und den Gesamteindruck vergeben.

◎ Selbstreflexion

Für die umfassende Bewertung und reflexive Auseinandersetzung mit den Arbeitsergebnissen sollte auch die Selbstreflexion der Schüler einbezogen werden. Durch diese dokumentieren die Schüler, inwieweit sie in der Lage sind, ihren Lernprozess wahrzunehmen. Sie erhalten dabei die Möglichkeit, Bewährtes bei neuen Projekten wieder einzubringen, sich durch das Einsehen von Fehlern weiterzuentwickeln und sich eigene Ziele zu setzen.

◎ Besondere Leistungen

Besondere Ideen im Inhalt, der Gestaltung und der Präsentation, aber auch besondere Leistungen im Arbeitsverhalten (z. B. anderen ohne Aufforderung zu helfen), können ebenfalls in die Bewertung einfließen und mit Zusatzpunkten positiv gewertet werden.

Hinweise zum Einsatz des Lapbooks „Das bin ich!“

Das Thema „Das bin ich!“

Mithilfe des vorliegenden Materials haben die Schüler die Möglichkeit, sich ein individuelles Lapbook über ihre eigene Person zu gestalten. Damit unterstützen Sie die Schüler bei der Entwicklung eines positiven Selbstbildes und Selbstwertgefühls.

Für die Gestaltung ihres Labooks stehen den Schülern **26 verschiedene Faltvorlagen** mit thematischen Impulsen zur Verfügung, aus denen sie auswählen können. Die Impulse regen sie an, sich mit ihrer eigenen Identität auseinanderzusetzen und sich ihrer Individualität bewusst zu werden. Sie beschäftigen sich mit ihren Merkmalen, Eigenschaften, ihrem Lebensumfeld, ihren Vorlieben, Stärken und Schwächen. Durch Gemeinsamkeiten und Unterschiede im Vergleich zu anderen Schülern nehmen sie sich bewusster wahr und lernen, sich von anderen abzugrenzen. Die motivierende Form der Präsentation als Lapbook wertet die Inhalte optisch auf, sodass die eigene Person eine zusätzliche Wertschätzung erhält. Dabei unterstützt der Überraschungseffekt der verschiedenen Klappelemente die Individualität einer Person und macht neugierig zum Entdecken.

Zur Verwendung der Kopiervorlagen

Da das Lapbook „Das bin ich!“ die eigene Person vorstellt, bietet sich als Sozialform für die Gestaltung nur die Einzelarbeit an.

Für die Erarbeitung eines Lapbooks mit acht Minibüchern müssen mindestens sechs Unterrichtsstunden eingeplant werden.

Auf den Kopiervorlagen für die verschiedenen Minibücher finden die Schüler die Faltanleitung sowie – durch Fettsetzung optisch abgegrenzt – Aufgaben und Impulse für die inhaltliche Bearbeitung.

Aufgrund der Vielseitigkeit der thematischen Impulse bietet sich ein fächerübergreifendes Arbeiten an. Demnach können die Vorlagen in Deutsch, im Sachunterricht sowie in Ethik bzw. Religion gestaltet werden. Die Vielfalt der Kopiervorlagen ermöglicht es, eine Vorauswahl zu treffen und den Schülern Pflicht- und Wahlangebote vorzugeben. Es ist jedoch auch möglich, die Schüler frei aus allen Angeboten auswählen zu lassen. Für die Gestaltung eines Lapbooks aus einem DIN-A3-Karton sind etwa acht Minibücher notwendig. Diese Anzahl sollte als Minimum vorgegeben werden.

Benötigtes Zusatzmaterial

Für einzelne Vorlagen wird neben den Kopiervorlagen Zusatzmaterial benötigt. Dieses wird in der folgenden Gesamtübersicht der Angebote aufgeführt.

Übersicht der Kopiervorlagen

Allgemeine Vorlagen

Material	Beschreibung	Verwendungsmöglichkeiten	Benötigtes Zusatzmaterial
Symbole (S. 12)	Erklärung der Symbole auf den Kopiervorlagen	✔ Aushang im Klassenzimmer ✔ Erklärung zu Beginn der Arbeit	
Faltanleitung Lapbook (S. 13)	Anleitung zum Falten eines einfachen Umschlages für ein Lapbook	✔ Kopien für die Schülerhand ✔ gemeinsames Falten beim erstmaligen Gestalten eines Lapbooks	für jeden Schüler: → ein farbiger DIN-A3-Karton → ein farbiges DIN-A4-Blatt
Deckblatt (S. 14)	Vorlagen für das Deckblatt für Name, Datum, Titel und Foto	✔ Kopien für die Schülerhand ✔ Vorlage als Beispiel ✔ nur Vorgabe der Kriterien (Name, Datum, Titel), sonst freie Gestaltung durch die Schüler	von jedem Schüler: → ein Porträtfoto
Recherchebogen „Das bin ich!" (S. 15–16)	Sammeln von Informationen und ggf. persönlichem Zusatzmaterial durch die Schüler	✔ Hausaufgabe etwa zwei Wochen vor der Bearbeitung	von jedem Schüler: → Fotos → Elterninterview
Hilfebogen „Das bin ich!" (S. 17)	Zusatzinformationen für die Schüler, um die Aufgaben lösen zu können	✔ Auslegen im Klassenraum, ein bis zweimal auf farbiges Papier kopiert und laminiert	→ Laminierfolie → farbiges Papier
So ist mein Lapbook „Das bin ich!" (S. 18)	Einschätzung ihres eigenen Lernprozesses durch die Schüler während der Erstellung des Lapbooks	✔ Einzelarbeit nach Fertigstellung des Lapbooks	
Bewertung deines Lapbooks „Das bin ich!" (S. 19)	Bewertungsbogen mit vorgegebenem Kriterienraster zur prozess- und ergebnisorientierten Bewertung	✔ Beobachtung des Lernverhaltens ✔ Einschätzung des Lapbooks, der Selbstreflexion und der mündlichen Präsentation	

Faltvorlagen

Faltvorlage	Beschreibung	Inhaltliche Schwerpunkte	Zusatzmaterial (Lehrer)
Mein Zuhause (S. 20–21)	Tasche in Form eines Hauses mit sechs Einsteckkarten	✔ das eigene Zuhause zeichnen oder beschreiben ✔ eigene Ergänzungen möglich	
So bin ich – meine Eigenschaften (S. 22)	Faltblume mit acht Blütenblättern, die nach innen gefaltet werden	✔ passende Adjektive zum eigenen Charakter finden ✔ Eigenschaften reflektieren	
Das mag ich (S. 23)	Doppelklappe mit Titelseite und acht kleinen, ausklappbaren Streifen	✔ zu Oberbegriffen Vorlieben benennen (z. B. Essen, Farbe) ✔ eigene Oberbegriffe finden	
Fakten über mich (S. 24)	Stufen-Klappbuch: fünf Rechtecke unterschiedlicher Breite aufeinandergelegt, nur Überschriften sind erkennbar	✔ Fingerabdrücke stempeln ✔ eigenes Haar einkleben ✔ Augenfarbe einzeichnen ✔ besondere Merkmale ergänzen	→ Klebefilm → Stempelkissen → Heftgerät
Meine Taufe (S. 25)	verschlossenes Geheimfach mit drei Klappen, mit Lasche verschließbar	✔ Datum, Taufspruch, Taufpaten, Kirchgemeinde eintragen ✔ Tauf-Foto/Zeichnung einfügen	
Mein Name (S. 26–27)	Faltbuch mit acht Seiten, ohne zu kleben	✔ Namen grafisch gestalten ✔ Namensbedeutung notieren ✔ Gründe für Namenswahl herausfinden ✔ sich mit dem Namen identifizieren	→ Namenslexikon → evtl. PC mit Internetzugang
Besondere Ereignisse (S. 28)	Leporello mit drei Achtecken	✔ wichtige Ereignisse mit Datum nennen und kurz beschreiben ✔ ein Ereignis gestalten	
Das finden andere an mir gut (S. 29)	Fächer mit vier Herzen	✔ Bezugspersonen befragen, was sie am Schüler gut finden	→ Musterklammern
Drei Wünsche (S. 30)	verschließbare Klappe mit zwei verzahnten Laschen	✔ drei Wünsche an eine Fee formulieren	
Einsame Insel (S. 31)	einmal aufklappbare, rechteckige Form	✔ wichtige Gegenstände/ Personen auswählen	
Mein Selbstporträt (S. 32–33)	Pop-Up-Karte mit aufstellbarem Bilderrahmen	✔ ein Selbstporträt malen	→ evtl. Spiegel
Ich bin ein Mädchen/ Junge! (S. 34)	einfache, rechteckige Form mit drei Klappen	✔ Bedeutung des eigenen Geschlechts reflektieren ✔ Impulssätze ergänzen	

Faltvorlage	Beschreibung	Inhaltliche Schwerpunkte	Zusatzmaterial (Lehrer)
Stopp! Das mag ich nicht! (S. 35)	Sechseck zum Aufklappen	✔ Situationen/Dinge, die man ablehnt, beschreiben oder malen ✔ Begründungen formulieren	
Mein Familienbaum (S. 36)	Silhouette eines Baumes mit klappbaren Blättern	✔ Familienmitglieder in einem Stammbaum darstellen	
Meine Zahlen (S. 37)	schmales, aufklappbares Rechteck mit sechs Klappen	✔ Zahlen ergänzen, die zur eigenen Person gehören (Alter, Größe …) ✔ eigene Zahlen finden	
Meine Ziele (S. 38)	Zielscheibe mit drei herausziehbaren Pfeilen	✔ Ziele für verschiedene Lebensabschnitte formulieren	→ Pappe
Das finde ich toll an mir (S. 39)	Briefumschlag, der auseinandergefaltet eine Herzform ergibt.	✔ Text an sich selbst formulieren ✔ Reflexion eines positiven Selbstbildes	
So fühle ich mich (S. 40)	Drehscheibe mit drei Feldern und einem Ausschnitt für ein Smiley	✔ Situationen malen oder beschreiben, in denen man Trauer, Wut oder Freude fühlt	→ Musterklammern
Das kann ich (S. 41)	Quadrat mit vier eingefalteten Dreiecken zum Aufklappen	✔ Stärken und Schwächen reflektieren ✔ Wünsche und Grenzen zeigen	
Wichtige Daten (S. 42)	Schmetterlingsklappe mit beidseitig fünf Zeilen zum Beschriften auf der Rückseite	✔ Personaldaten steckbriefartig erfassen (Name, Adresse, Telefonnummer, Geburtsdatum …)	
Wenn ich erwachsen bin (S. 43)	Pfeil als Leporello mit vier Schreibflächen	✔ Ziele für das Leben als Erwachsener formulieren ✔ Ziele nach Wertigkeit sortieren	
Mein schönster Tag (S. 44)	Streichholzbrief zum Aufklappen	✔ einen Text über den schönsten Tag des Lebens formulieren (Wann? Was? …) ✔ ein passendes Bild malen	
Meine Körpermaße (S. 45)	Tasche mit sieben Einsteckkarten	✔ verschiedene Körperteile messen und eintragen	→ Maßband
Meine Freizeit (S. 46)	Register mit Titel und zwei Seiten	✔ Lieblingsbeschäftigung in der Freizeit nennen und begründen	→ Heftgerät
Platz für Kleinigkeiten (S. 47)	vier einfache Formen zum Hochklappen (Pilz, Stern, Fünfeck, Gedankenblase)	sich kurz zu Impulsen äußern: ✔ erste Erinnerung ✔ Ich bin ein Glückspilz, weil … ✔ meine Freunde ✔ mein größtes Talent	

Kopiervorlagen

Symbole

Diese Symbole findest du auf den Materialien.
Sie bedeuten:

Schneide- und Faltvorlage:
Schneide die Vorlage aus und falte diese wie angegeben.
Schneidelinie: — — — — — —
Faltlinie: ----------------------------------

Klebe die Vorlage wie angegeben zusammen.

Bearbeite die Aufgabe und fülle das Minibuch entsprechend aus.

Hilfe:
Dieses Material gibt dir Tipps, Hilfen oder die notwendigen Informationen, um die Aufgabe in deinem Minibuch richtig zu lösen. Bist du damit fertig, legst du es wieder zurück.

Recherche:
Für die Bearbeitung einiger Aufgaben benötigst du deinen Recherchebogen.

Viel Spaß!

Faltanleitung Lapbook

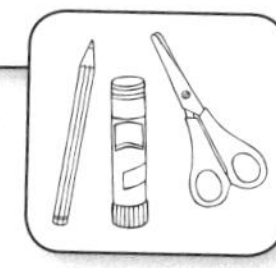

① Wähle dir einen farbigen DIN-A3-Tonkarton aus und falte ihn in der Mitte. Klappe ihn wieder auseinander.

② Falte beide Enden zur Mittellinie und wieder auseinander.

③ Wähle dir ein farbiges DIN-A4-Blatt aus und klebe es in die Mitte.

④ Klappe die beiden äußeren Seiten zu. Dein Lapbook ist fertig.

⑤ Wenn du während der Arbeit an deinem Lapbook feststellst, dass du mehr Platz benötigst, kannst du oben und unten noch weitere Klappen ankleben.

❻ Gestalte die Vorderklappen deines Lapbooks mit Namen, Bild und Titel (zum Beispiel „Das bin ich!", „Ich bin ich!" oder „Alles über mich"). Vergiss deine Klasse, das Fach und das Datum nicht. Du kannst dazu die Vorlagen („Deckblatt") verwenden oder es frei gestalten.

⑦ Klebe deine bearbeiteten Minibücher in den Innenteil deines Lapbooks. Lege zuvor alle auf und überlege, wie du sie am besten verteilen könntest.

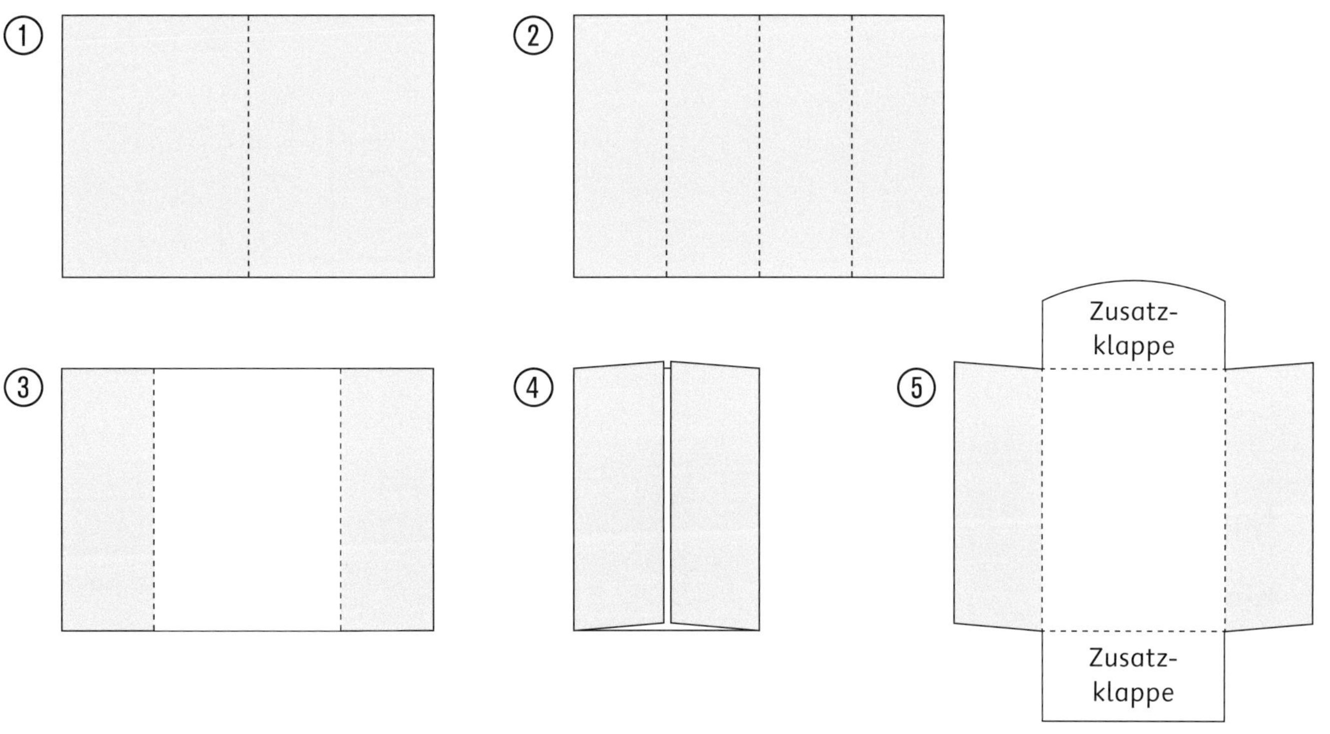

Deckblatt

Diese Vorlagen kannst du für die Gestaltung deiner Titelseite verwenden.

① Schneide die Vorlagen aus und gestalte sie.
② Klebe sie auf die Vorderklappen deines Lapooks.
③ Gestalte deine Titelseite bunt.

Klebe hier ein Foto von dir ein.

Name: ....

Klasse: ....

Fach: ....

Datum: ....

Das bin ich!

 ISBN 978-3-8346-3117-6 | www.verlagruhr.de

Recherchebogen „Das bin ich!“ (1)

Für die Gestaltung deines Lapbooks benötigst du Informationen und Zusatzmaterial von zu Hause.

Vorlage „Deckblatt“

! Bringe ein Foto von dir mit, auf dem du dir besonders gut gefällst.

Vorlage „Meine Taufe“

Wann wurde ich getauft? ....

In welcher Kirche wurde ich getauft? ....

Wie heißen meine Paten? ....

....

Wie lautet mein Taufspruch? (mit Bibelstelle) ....

....

....

....

! Bringe ein Foto von deiner Taufe mit.

Vorlage „Mein Name“

Wer hat deinen Namen für dich ausgesucht? ....

Warum wurde dieser Name für dich ausgewählt? ....

....

....

Recherchebogen „Das bin ich!“ (2)

Vorlage „Besondere Ereignisse“

Notiere dir die wesentlichen Infos zu wichtigen Erlebnissen in deinem Leben, zum Beispiel Geburt, Schulanfang …

Ereignis	Datum	Was war los?

Bringe ein Foto von einem wichtigen Ereignis mit.

Vorlage „Das finden andere an mir gut“

Nimm dir die Vorlage „Das finden andere an mir gut“ mit nach Hause. Bitte deine Eltern, Großeltern, Geschwister … darum, in ein Herz zu schreiben, was sie besonders toll an dir finden.

Hilfebogen „Das bin ich!“

Vorlage „So bin ich – meine Eigenschaften“

Ich fürchte mich schnell.	**ängstlich**
Ich traue mir nicht viel zu.	**unsicher**
Ich traue mir viel zu.	**mutig**
Ich bewege mich gern.	**sportlich**
Ich warte nicht gern.	**ungeduldig**
Ich vergesse oft Dinge.	**vergesslich**
Ich sitze gern auf der Couch.	**bequem**
Ich versuche, so gut wie möglich zu sein.	**ehrgeizig**
Ich bin zu allen nett.	**freundlich**
Ich lüge nicht.	**ehrlich**
Ich warte ruhig auf gute Gelegenheiten.	**geduldig**
Ich unterstütze gern andere.	**hilfsbereit**
Ich verstehe Witze und lache gern.	**humorvoll**
Ich teile gern, was ich habe.	**großzügig**
Ich tue, was ich sage.	**zuverlässig**
Ich brauche keinen Luxus.	**bescheiden**
Ich kann gut mit Werkzeugen umgehen.	**geschickt**
Ich werde schnell wütend.	**aggressiv**
Ich singe gut oder spiele ein Instrument.	**musikalisch**
Ich denke viel nach und lache nicht so oft.	**ernst**
Ich benehme mich immer korrekt.	**höflich**

Ich habe viel Energie und unternehme viel.	**temperamentvoll**
Ich teile nicht gern oder gebe nur wenig Geld aus.	**geizig**
Ich kann gut malen, singen oder musizieren.	**künstlerisch begabt**
Ich weiß, was ich kann, und sage das auch.	**selbstbewusst**
Ich tue Dinge, ohne darüber nachzudenken.	**spontan**
Ich achte darauf, dass es meinen Freunden gut geht.	**kameradschaftlich**
Ich vertraue anderen nicht.	**misstrauisch**
Ich unternehme viel.	**aktiv**
Ich lache gern.	**fröhlich**
Ich passe auf, dass keiner Vor- oder Nachteile hat.	**gerecht**
Ich sage wenig, bin leise und traue mich nicht viel.	**schüchtern**
Ich tue nichts.	**faul**
Ich habe viel Kraft.	**stark**
Ich akzeptiere die Meinungen anderer.	**tolerant**
Ich bin häufig in Gedanken versunken.	**verträumt**
Ich räume gern auf.	**ordentlich**
Ich bin intelligent.	**klug**
Ich beharre auf meiner Meinung.	**stur**
Ich lerne leicht Sprachen.	**sprachbegabt**

So ist mein Lapbook „Das bin ich!“

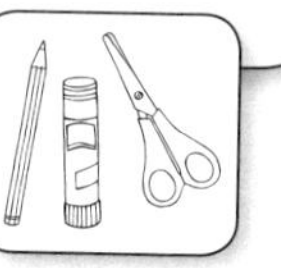

Name: ………………………… **Klasse:** ………… **Datum:** …………

Schätze ein, wie du die einzelnen Aufgaben erfüllt hast.

Ich habe ausdauernd und selbstständig gearbeitet.

Ich habe sauber und ordentlich gearbeitet.

Ich habe mindestens acht Minibücher bearbeitet.

Ich habe mich von verschiedenen Seiten vorgestellt.

Ich habe meine Aussagen begründet.

Ich habe eigene Ideen und Bilder eingebracht.

Das ist mir schwergefallen:

Das ist mir leichtgefallen:

Das gefällt mir besonders gut an meinem Lapbook:

So gefällt mir mein Lapbook insgesamt:

Bewertung deines Lapbooks „Das bin ich!“

Name: .... **Klasse:** .... **Bearbeitungszeitraum:** ....

	Punkte	Bemerkungen
1. Arbeitsverhalten		
Du hast selbstständig, planvoll, konzentriert und ausdauernd gearbeitet.	/4	
2. Gestaltung		
Du gestaltest dein Lapbook ansprechend (sauber ausgeschnitten, gefaltet, geklebt, gemalt, geschrieben).	/5	
Du fügst eigene Bilder/Zeichnungen ein.	/2	
Du ordnest deine Minibücher übersichtlich an und wählst verschiedene Formate aus.	/2	
Du achtest auf deine Rechtschreibung.	/2	
3. Inhalt		
Du stellst die Informationen vollständig, sinnvoll und richtig dar (1 Punkt pro Minibuch).	/8	
Du ergänzt eigene Inhalte.	/2	
Du erreichst beim Leser einen Wissenszuwachs.	/1	
Du begründest deine Aussagen logisch.	/1	
4. Präsentation (mündlich)		
Deine Präsentation ist sinnvoll aufgebaut.	/2	
Deine Präsentation ist anschaulich und interessant (Erklärungen, Beispiele …).	/2	
Du sprichst verständlich (meist frei, ganze Sätze, Körperhaltung, Blickkontakt).	/4	
Du beantwortest die Fragen deiner Mitschüler.	/1	
5. Selbstreflexion		
Du hast deine Arbeit an deinem Lapbook richtig eingeschätzt.	/2	

Das war besonders toll:	**Gesamtbewertung:** **/38 Punkte** **Note:** ....

Unterschrift der Eltern: ....

Mein Zuhause (1)

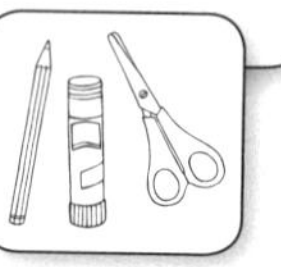

① Schneide das Haus an der Schneidelinie entlang aus.
② Klappe die Seiten und die Klebefläche an den Faltlinien nach hinten.
③ Klebe die Haustasche mit der angegebenen Klebefläche auf dein Lapbook.
④ Schneide die Karten an den Schneidelinien aus.

❺ Schreibe oder male zu den einzelnen Impulsen auf den Karten. Falls du keine Haustiere hast, kannst du diese Karte weglassen.

❻ Überlege dir, was du noch von deinem Zuhause erzählen könntest, und gestalte eigene Karten.

⑦ Stecke die Karten in die „Haustasche“.

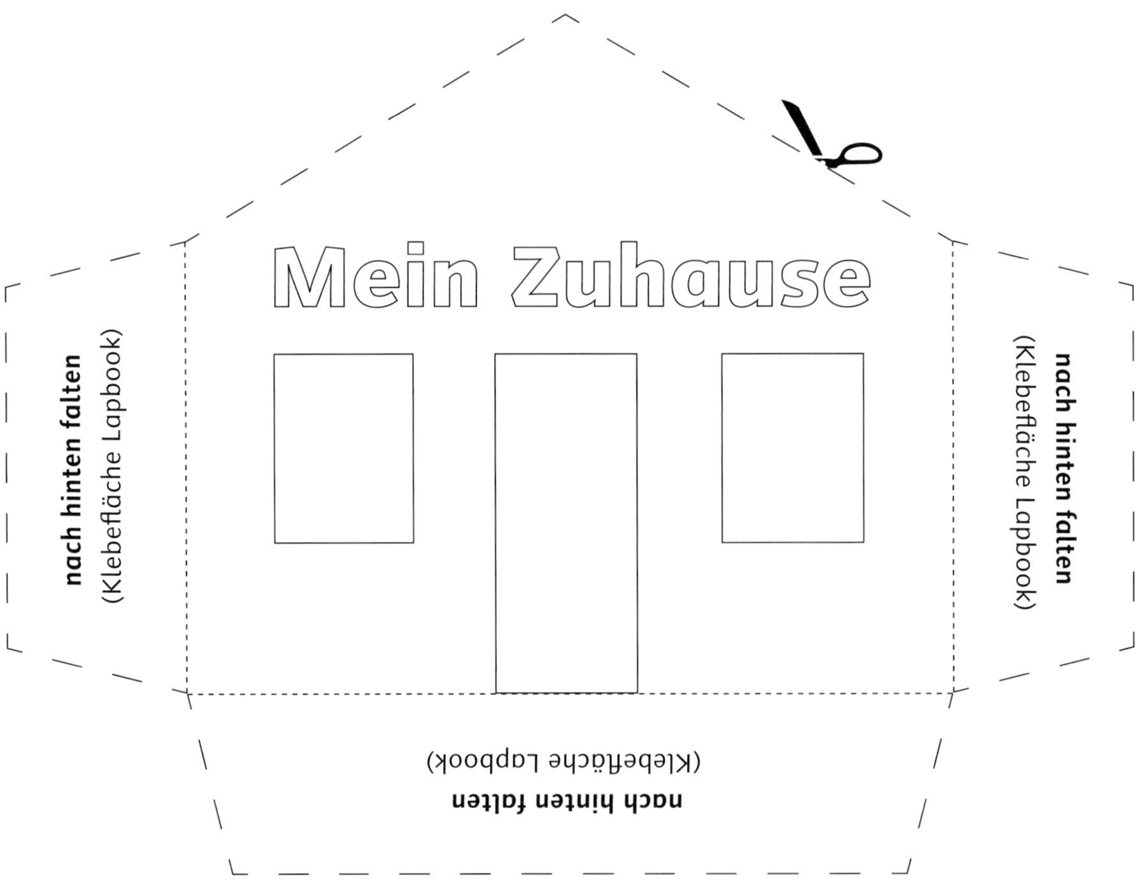

Mein Zuhause (2)

Mein Wohnort heißt:

....

So sieht mein Zimmer aus:

In diesem Haus wohne ich:

Unser Garten:

Das mache ich zu Hause am liebsten:

....

....

....

....

....

....

Meine Haustiere:

....

© Verlag an der Ruhr | Autorin: Doreen Blumhagen | Illustration: Anja Boretzki | ISBN 978-3-8346-3117-6 | www.verlagruhr.de

So bin ich – meine Eigenschaften

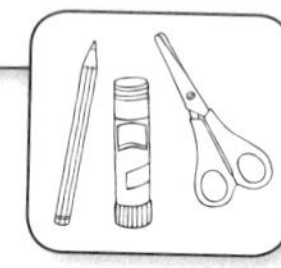

① Schneide die Blume entlang der Schneidelinie aus.
② Knicke die „Blütenblätter“ reihum nach vorn.
③ Schiebe das letzte Blütenblatt unter das erste, sodass die Blüte hält.

❹ **Überlege dir acht Adjektive, die deinen Charakter beschreiben. Anregungen findest du auf dem „Hilfebogen ‚Das bin ich!‘“.**

❺ **Schreibe in jede Innenseite der Blütenblätter eine Eigenschaft.**

❻ **Färbe die Blütenblätter ein:**
grün: Das finde ich besonders toll an mir.
rot: Darüber ärgere ich mich.
gelb: Das würde ich gern ändern.

⑦ Klebe die Blüte auf das Lapbook.

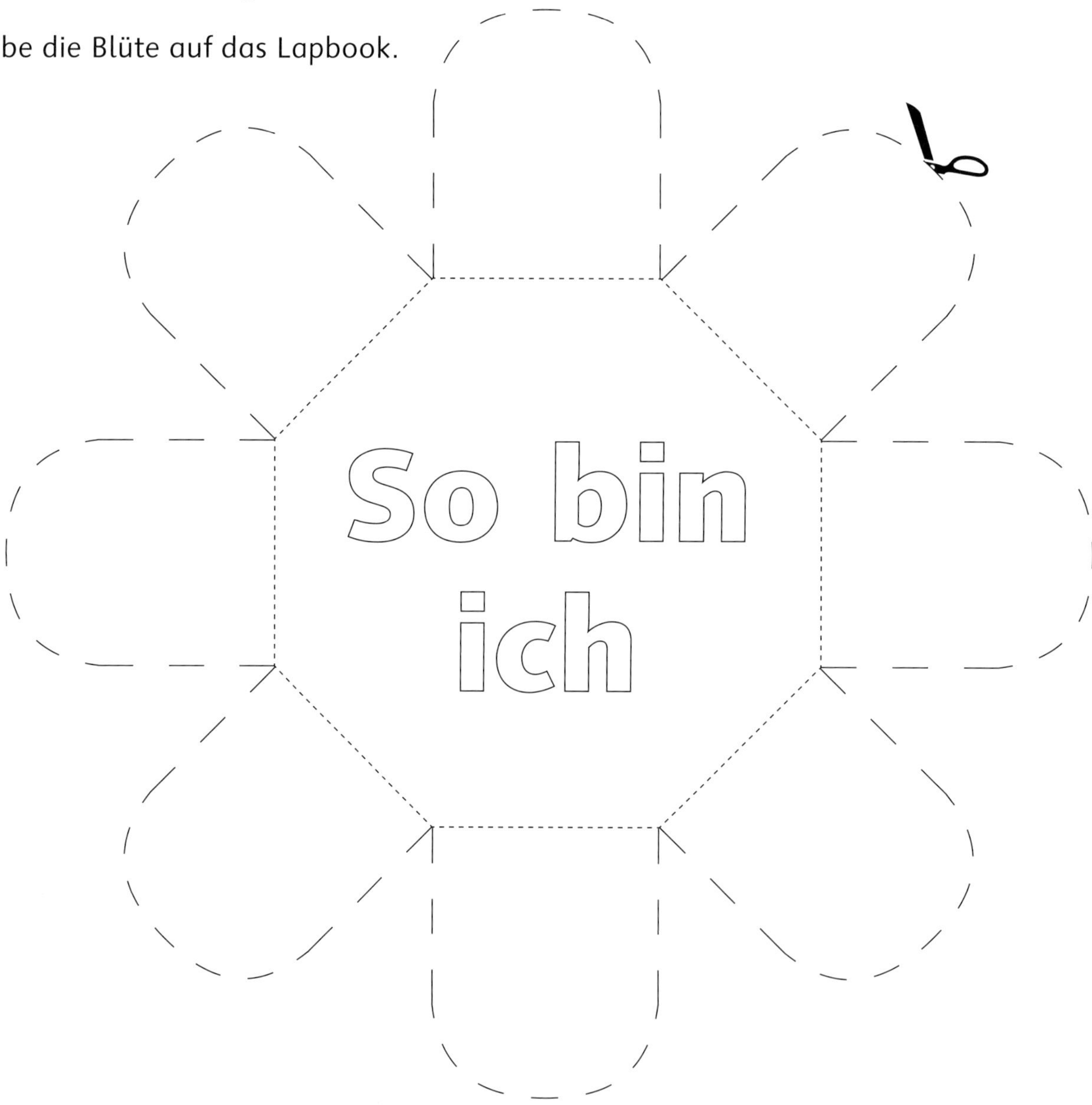

Das mag ich

① Schneide die Vorlage an der Schneidelinie aus. Schneide auch alle Linien an der linken Seite ein.

② Falte die kleinen Klappen an den Faltlinien nach hinten. Falte anschließend die Titelseite nach hinten.

❸ **Schreibe zu den entsprechenden Oberbegriffen, was du besonders magst. Klappe dazu die Begriffe jeweils einzeln nach oben und schreibe auf die Rückseite.**

❹ **Überlege dir weitere Oberbegriffe und was du davon gern magst, zum Beispiel Tier, Schulfach, Lehrer, Sport, Musik, Film, Buch, Kleidung …, und ergänze diese.**

⑤ Klebe das Klappbuch mit der Klebefläche auf dein Lapbook.

Das mag ich

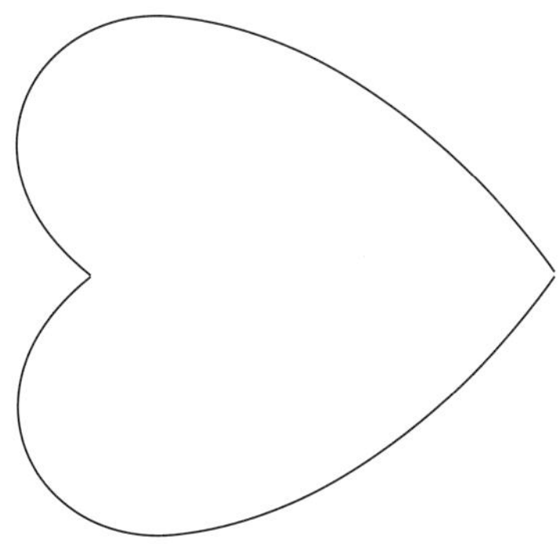

(Klebefläche Lapbook)

Farbe

Essen

 | ISBN 978-3-8346-3117-6 | www.verlagruhr.de

Fakten über mich

1. Schneide die einzelnen Seiten aus.
2. Lege sie in der vorgegebenen Reihenfolge mit der oberen Kante aufeinander und verbinde sie mit einem Heftgerät.
3. **Seite 2: Klebe ein Haar von dir mit Klebefilm auf.**
4. **Seite 3: Zeichne deine Augenfarbe ein.**
5. **Seite 4: Benutze das Stempelkissen und setze deine Fingerabdrücke auf das Blatt.**
6. **Seite 5: Male oder schreibe deine besonderen Merkmale.**
7. Klebe das Buch mit der letzten Seite auf dein Lapbook.

Fakten über mich

Seite 2

Ein Haar von mir

Seite 3

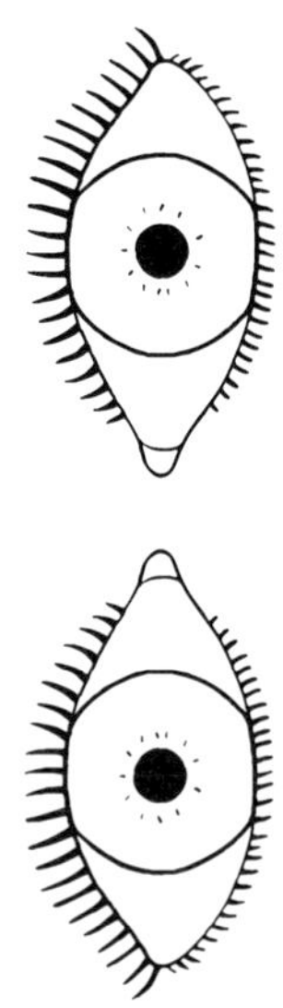

Meine Augenfarbe

Seite 4

linker Zeigefinger

rechter Zeigefinger

Meine Fingerabdrücke

Seite 5

Besondere Merkmale

Meine Taufe

© Verlag an der Ruhr | Autorin: Doreen Blumhagen | Illustrationen: Anja Boretzki (Schere-Kleber-Stift), Eva Spanjardt (Checkliste, Taufe) | ISBN 978-3-8346-3117-6 | www.verlagruhr.de

① Schneide die Vorlage an den Schneidelinien aus.
② Schneide die Schneidelinie in der linken Klappe vorsichtig ein.
③ Falte die rechte und linke Klappe an den Faltlinien nach vorn.
④ Verschließe deine Tasche mit der Lasche und klappe die obere Seite als Deckblatt nach unten.

5 Gestalte die obere Seite. Dafür kannst du das nebenstehende Bild nutzen oder ein Foto von deiner Taufe einkleben.

6 Fülle den Inhalt mithilfe des Recherchebogens.

⑦ Klebe deine Tasche mit der Rückseite auf dein Lapbook.

Meine Taufpaten sind:

Mein Taufspruch:

....

....

....

....

....

Bibelstelle:

Getauft am:

Kirchengemeinde:

Ich bin getauft

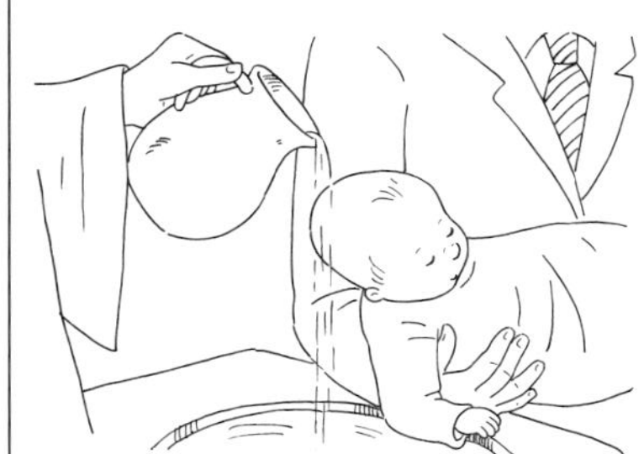

Mein Name (1)

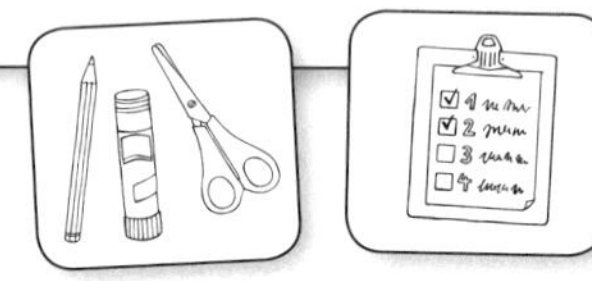

(Klebefläche Lapbook)

Mein Name

2

3

4

Mein Name bedeutet:

5

Mein Name als Bild:

6

Meine Name wurde ausgesucht von:

Warum wurde dieser Name ausgesucht?

7

Mein Name (2)

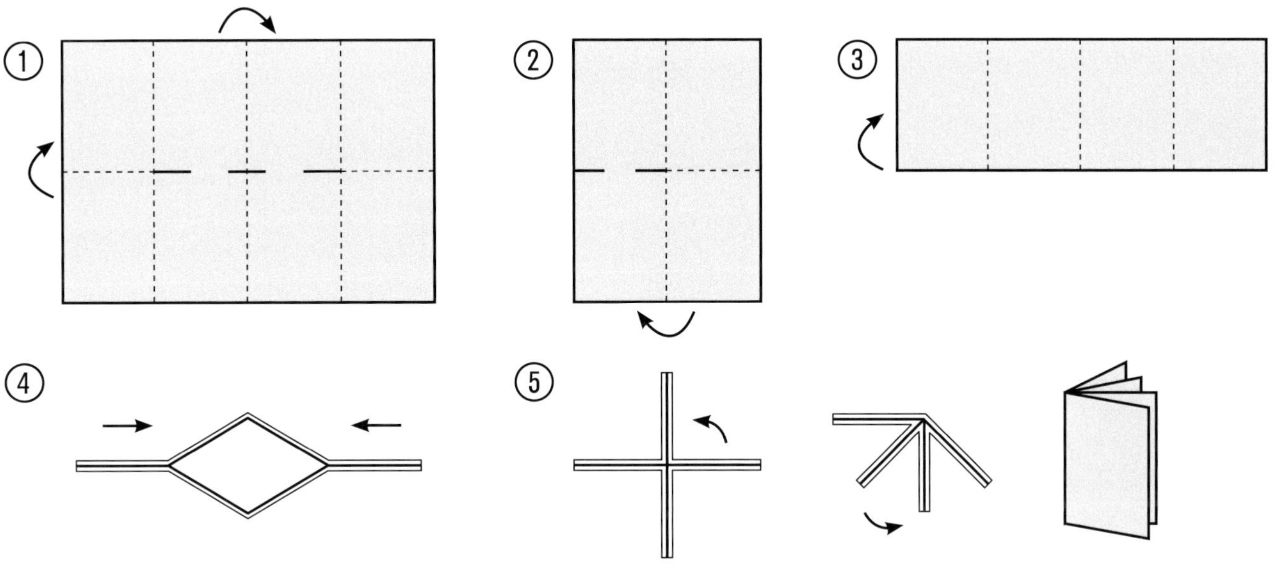

① Schneide die Vorlage an der Schneidelinie aus.
Falte an allen angegebenen Faltlinien.

② Falte das Blatt auf die Hälfte zusammen und schneide die Schneidelinie ein.

③ Falte es wieder auseinander und anschließend der Länge nach wieder zusammen.

④ Schaue dir das Buch von oben an. Fasse es rechts und links an den geschlossenen Seiten an und schiebe es zusammen.

⑤ Den entstandenen Stern kannst du nun zu einem Buch zusammenklappen.

❻ Seite 2/3: Gestalte deinen Namen mit besonderen Buchstaben.

❼ Seite 4: Finde die Bedeutung deines Namens heraus und schreibe sie auf. Nutze dafür ein Bedeutungswörterbuch oder das Internet.

❽ Seite 5: Stelle die Bedeutung deines Namens als Bild dar.

❾ Seite 6: Schreibe auf, wer deinen Namen für dich ausgesucht hat und warum. Nutze dazu deinen Recherchebogen.

**❿ Seite 7: Schreibe auf, ob du deinen Namen magst oder nicht.
Du kannst die folgenden Sätze nutzen:**

- **Ich mag meinen Namen, weil …**
- **Ich hätte gern einen anderen Namen, weil …**
- **Ich würde gern … heißen, weil …**

⑪ Klebe das Buch mit der letzten Seite in dein Lapbook.

Besondere Ereignisse

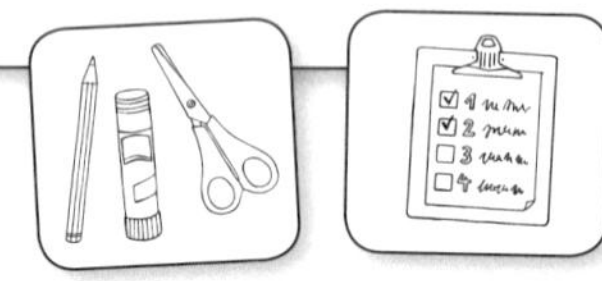

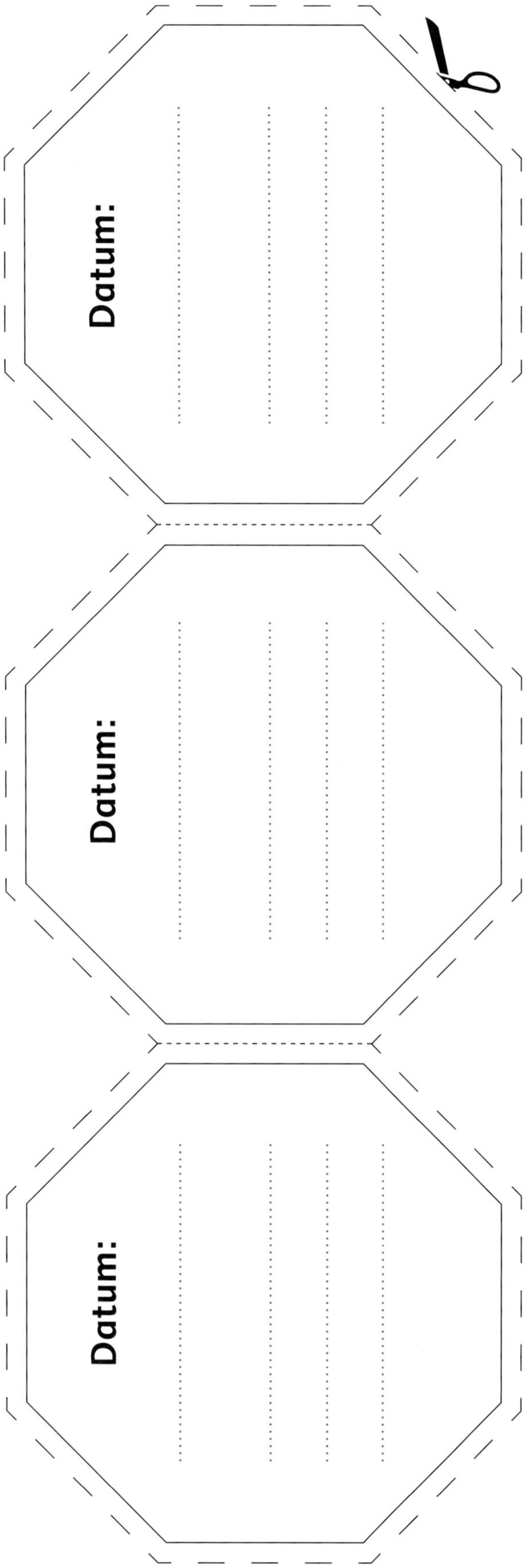

① Schneide beide Vorlagen an der Schneidelinie aus.

② Falte die Faltlinien zu einer Ziehharmonika zusammen.

③ Klebe die Titelseite mit der Klebekante links an die Ziehharmonika an.

❹ Klebe auf die erste Seite ein Foto oder male ein Bild von einem besonderen Ereignis in deinem Leben.

❺ Notiere, wann wichtige Ereignisse in deinem Leben waren. Beschreibe kurz, was an diesem Tag war. Nutze dazu deinen Recherchebogen.

⑥ Klebe das letzte Sechseck mit der Rückseite auf dein Lapbook.

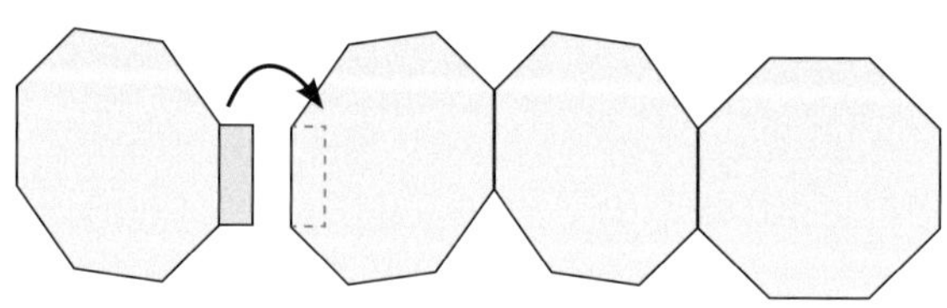

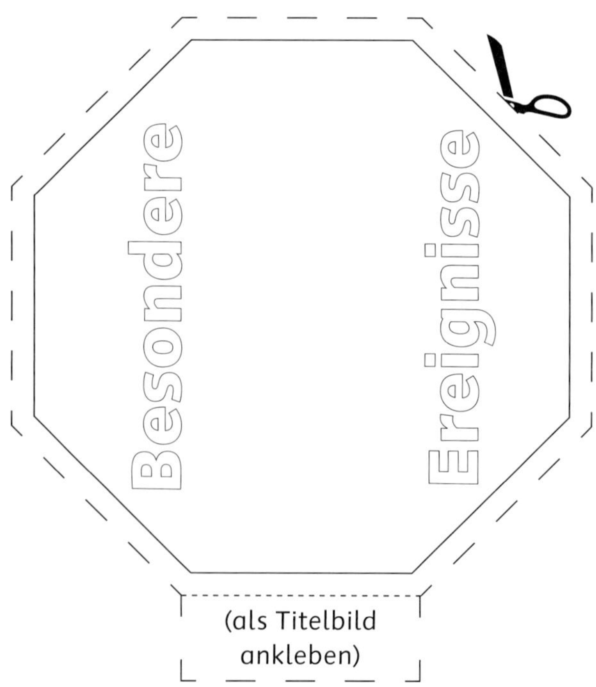

Das finden andere an mir gut

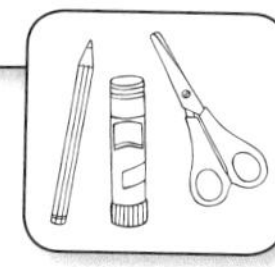

① Schneide die Herzen aus.

② Lege die Herzen aufeinander und stich das Loch vorsichtig mit der Schere ein.

③ Stecke eine Musterklammer durch die Löcher.

❹ **Bitte deine Eltern, Großeltern, Geschwister, Freunde, Lehrer, Mitschüler ... in ein Herz zu schreiben, was sie besonders toll an dir finden.**

⑤ Klebe das letzte Herz deines Fächers auf dein Lapbook. Achte darauf, dass du die Musterklammer nicht mit festklebst.

Drei Wünsche

① Schneide die Vorlage an der Schneidelinie aus.

② Falte die Klappen an den Faltlinien in die Mitte des Quadrats. Nun kannst du es verschließen.

❸ **Stelle dir vor, eine gute Fee würde dir drei Wünsche erfüllen. Was würdest du dir wünschen? Schreibe es in die Innenseite deines Klappbuches.**

④ Klebe das Faltbuch in dein Lapbook.

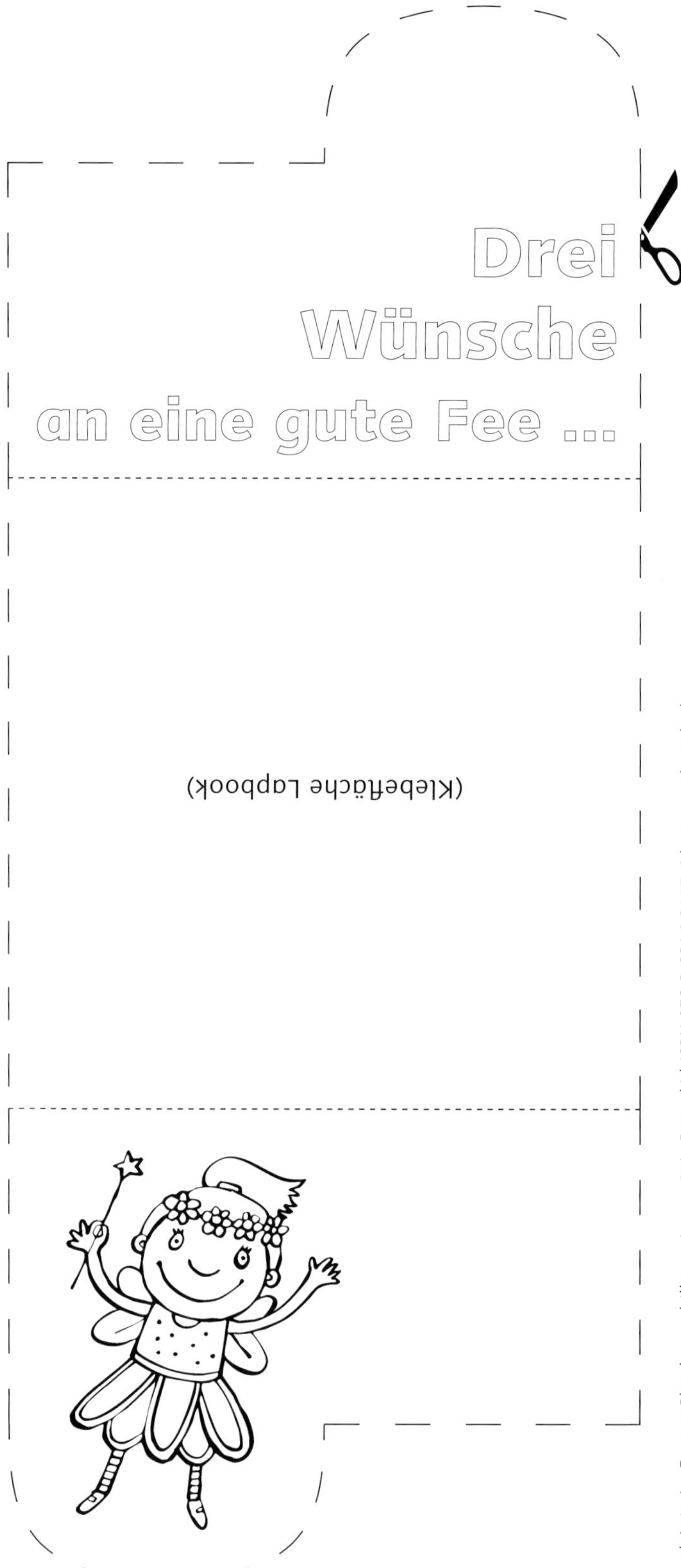

Einsame Insel

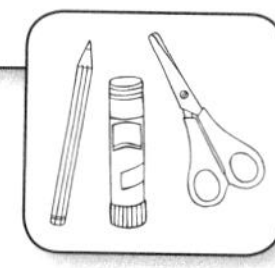

① Schneide die Vorlage an der Schneidelinie aus und falte sie an der Faltlinie nach hinten.

❷ **Schreibe auf die Innenseite deines Klappbuches, welche Person oder welchen Gegenstand du unbedingt auf eine einsame Insel mitnehmen würdest und warum.**

③ Klebe dein Klappbuch in dein Lapbook.

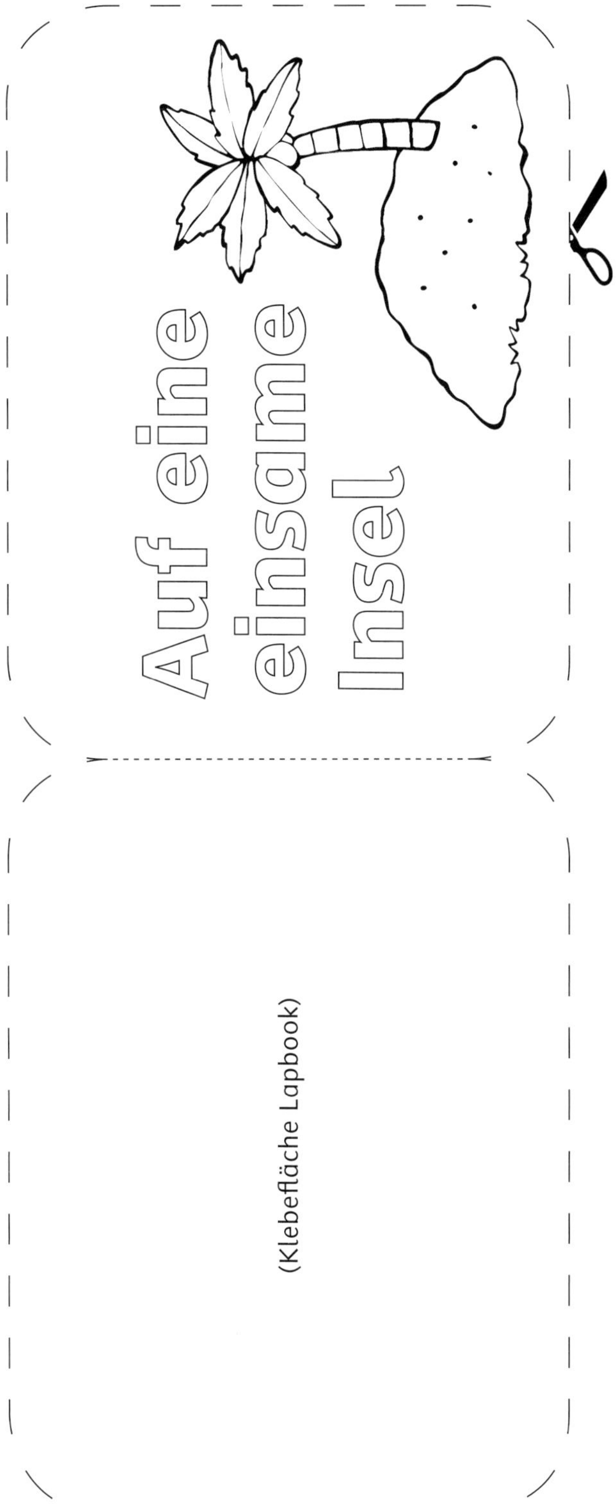

© Verlag an der Ruhr | Autorin: Doreen Blumhagen | Illustrationen: Anja Boretzki | ISBN 978-3-8346-3117-6 | www.verlagruhr.de

Mein Selbstporträt (1)

So sehe ich aus

(Klebe hier deinen Bilderrahmen mit der unteren Kante an)

Was mir besonders gut an meinem Aussehen gefällt:

Mein Selbstporträt (2)

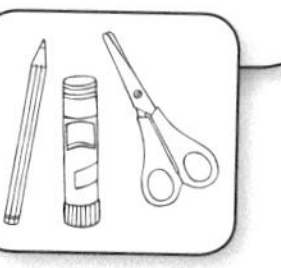

① Schneide die Klappe an der Schneidelinie aus.
② Falte die Klappe an der mittleren Faltlinie.
③ Schneide die beiden Schneidelinien ein.
④ Falte die eingeschnittene Stelle an der Faltlinie nach vorn, nach hinten und wieder zurück.
⑤ Falte die Klappe wieder auf und ziehe die Lasche nach innen. Es muss wie ein kleiner Hocker aussehen.

❻ Male dich selbst in den Bilderrahmen.

❼ Schreibe auf, was dir an deinem Aussehen besonders gut gefällt. Gestalte die Vorderseite deines Pop-Up (zum Beispiel „Mein Selbstporträt").

⑧ Schneide den Bilderrahmen aus und klebe ihn mit der Unterkante auf die angegebene Fläche der Lasche.
⑨ Schließe die Klappe. Achte darauf, dass das Bild flach liegt.
⑩ Klebe das Pop-Up mit der Rückseite auf dein Lapbook.

③
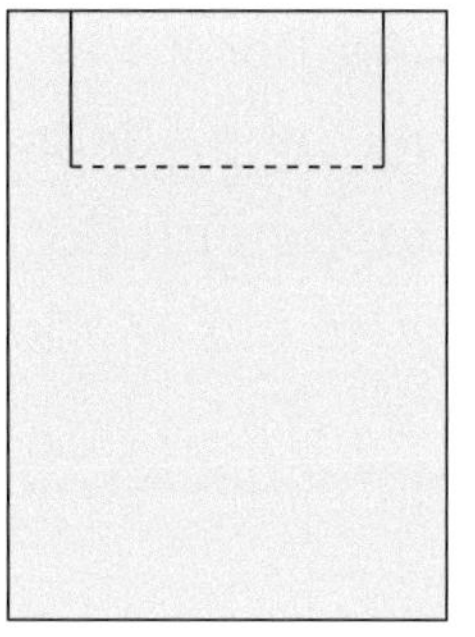

④
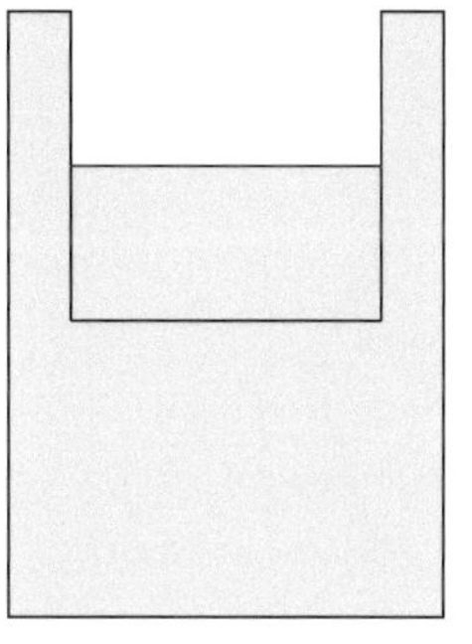

⑤
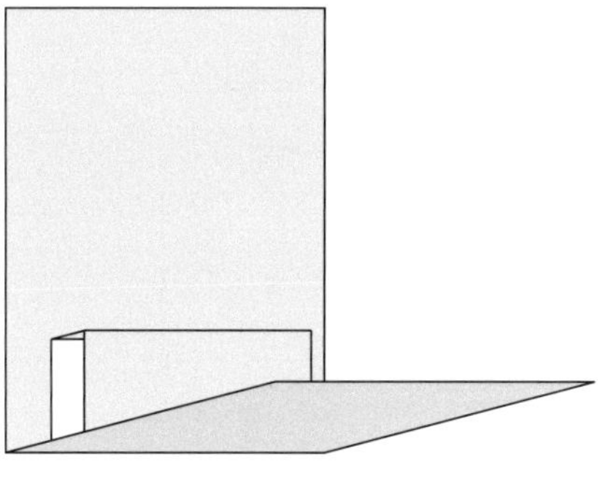

⑧
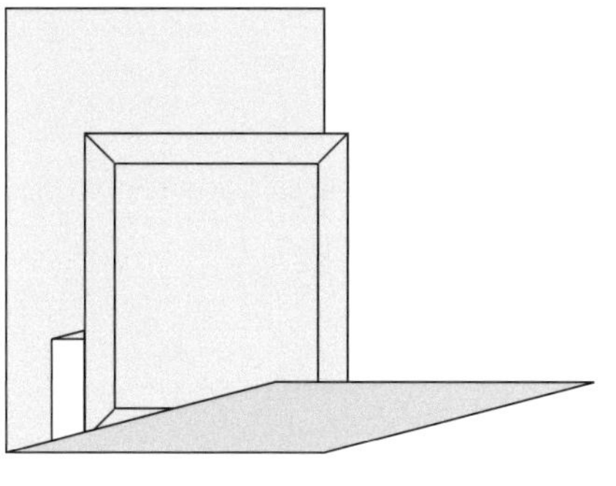

Ich bin ein Mädchen/Junge!

① Schneide die passende Vorlage an der Schneidelinie aus.
② Schneide die zwei Schneidelinien auf der rechten Seite ein.
③ Falte die drei Klappen an der Faltlinie nach vorn.
④ Klebe die Rückseite des Mädchens/Jungen fest.

❺ Ergänze die angefangenen Sätze auf der Rückseite der jeweiligen Klappen.

⑥ Klebe dein Klappbuch auf dein Lapbook.

Ich bin ein Mädchen!

Ich bin gern ein Mädchen, weil ...

Manchmal ist es doof, ein Mädchen zu sein, weil ...

Manchmal wäre ich gern ein Junge, weil ...

Ich bin ein Junge!

Ich bin gern ein Junge, weil ...

Manchmal ist es doof, ein Junge zu sein, weil ...

Manchmal wäre ich gern ein Mädchen, weil ...

Stopp! Das mag ich nicht!

① Schneide die Vorlage an der Schneidelinie aus.

② Falte die Klappe an der Faltlinie.

❸ **Überlege, welche Dinge oder Situationen du nicht magst.**

❹ **Schreibe oder male je eines davon in die 2 aufgeklappten Achtecke.**

❺ **Begründe, warum du es nicht magst.**

⑥ Klebe das Klappbuch mit der Rückseite in dein Lapbook.

Mein Familienbaum

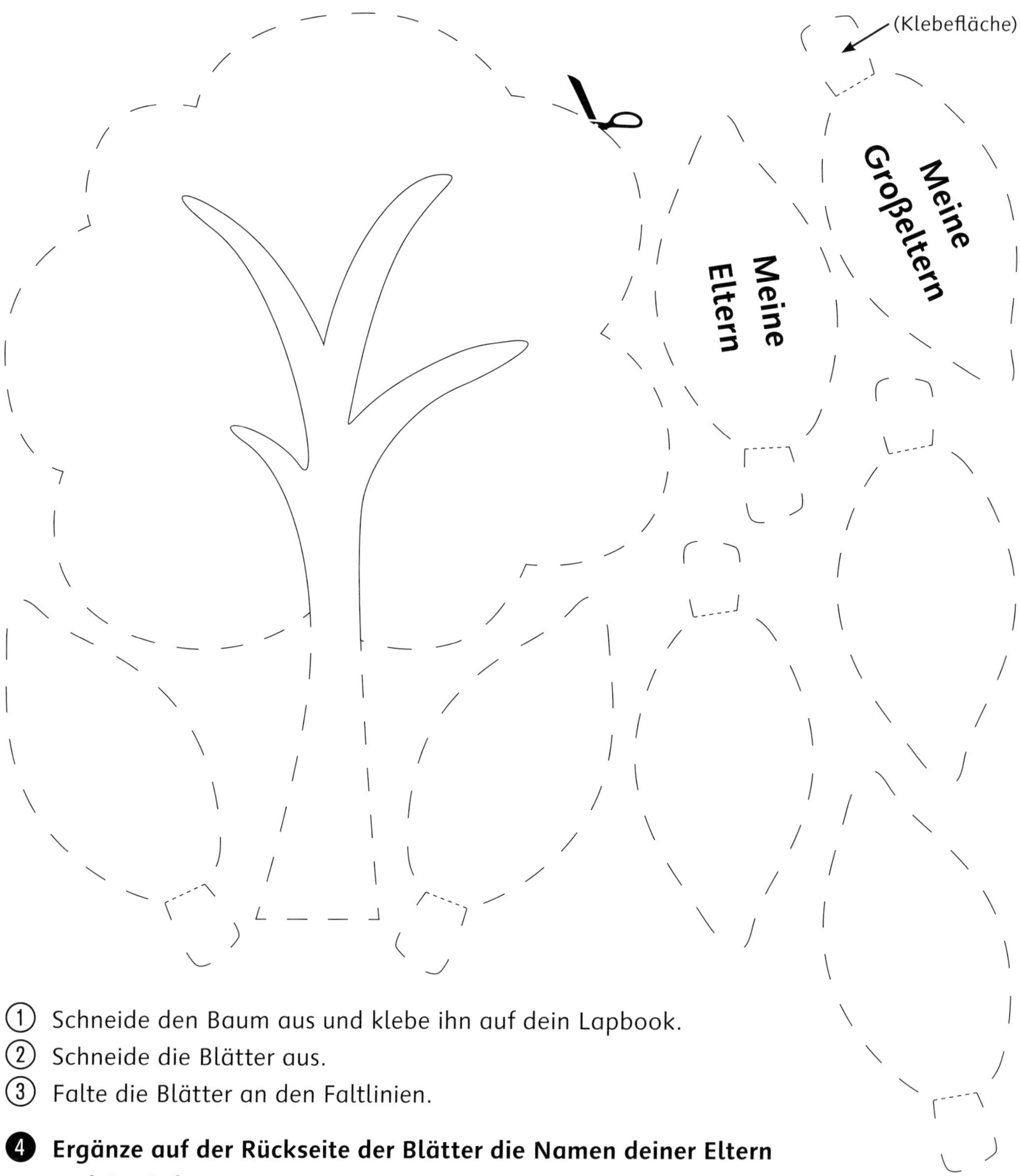

1. Schneide den Baum aus und klebe ihn auf dein Lapbook.
2. Schneide die Blätter aus.
3. Falte die Blätter an den Faltlinien.
4. **Ergänze auf der Rückseite der Blätter die Namen deiner Eltern und Großeltern.**
5. **Beschrifte die leeren Blätter mit Personen, die ebenfalls zu deiner Familie gehören (zum Beispiel Bruder, Tante, Cousine ...).**
6. Klebe die Blätter mit der Klebefläche auf den Baum.

Meine Zahlen

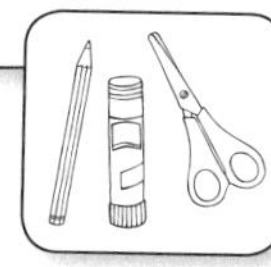

Meine Zahlen

Jahre bin ich alt.

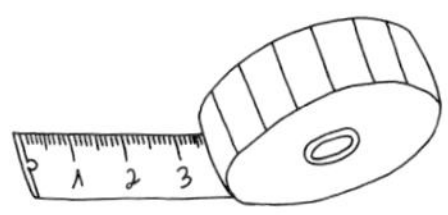

cm bin ich groß.

kg wiege ich.

ist meine Schuhgröße

Geschwister habe ich

1. Schneide die Vorlage an den Schneidelinien aus.
2. Schneide die Schneidelinien der kleinen Klappen ein.
3. Falte die Klappen auf die Bilder.
4. **Schreibe auf die Vorderseite der Klappen die entsprechenden Zahlen zu den einzelnen Bildern, sodass man diese öffnen muss, um den Satz zu Ende zu lesen.**
5. **Überlege dir noch einen eigenen Sachverhalt über dich, der sich in einer Zahl ausdrücken lässt. Ergänze ihn in der letzten Klappe.**
6. Klebe das Klappbuch mit der Rückseite in dein Lapbook.

Meine Ziele

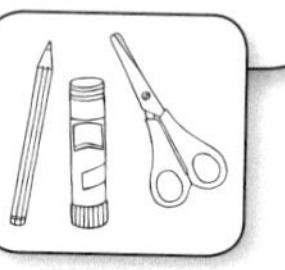

① Schneide die Zielscheibe an der äußeren Schneidelinie aus.
② Klebe die Pfeile auf Pappe und schneide sie aus.
③ Schneide die drei Schneidelinien in der Zielscheibe vorsichtig ein.

❹ **Überlege dir, welche Ziele du hast, und schreibe je ein Ziel auf die Pfeilstiele.**

⑤ Biege die Spitzen der Pfeile zusammen und stecke jeweils einen Pfeil durch einen Schlitz. Wenn du jetzt ziehst, geht der Pfeil nicht mehr heraus.
⑥ Bestreiche nur den äußeren Ring auf der Rückseite der Zielscheibe mit Kleber und befestige sie auf deinem Lapbook.

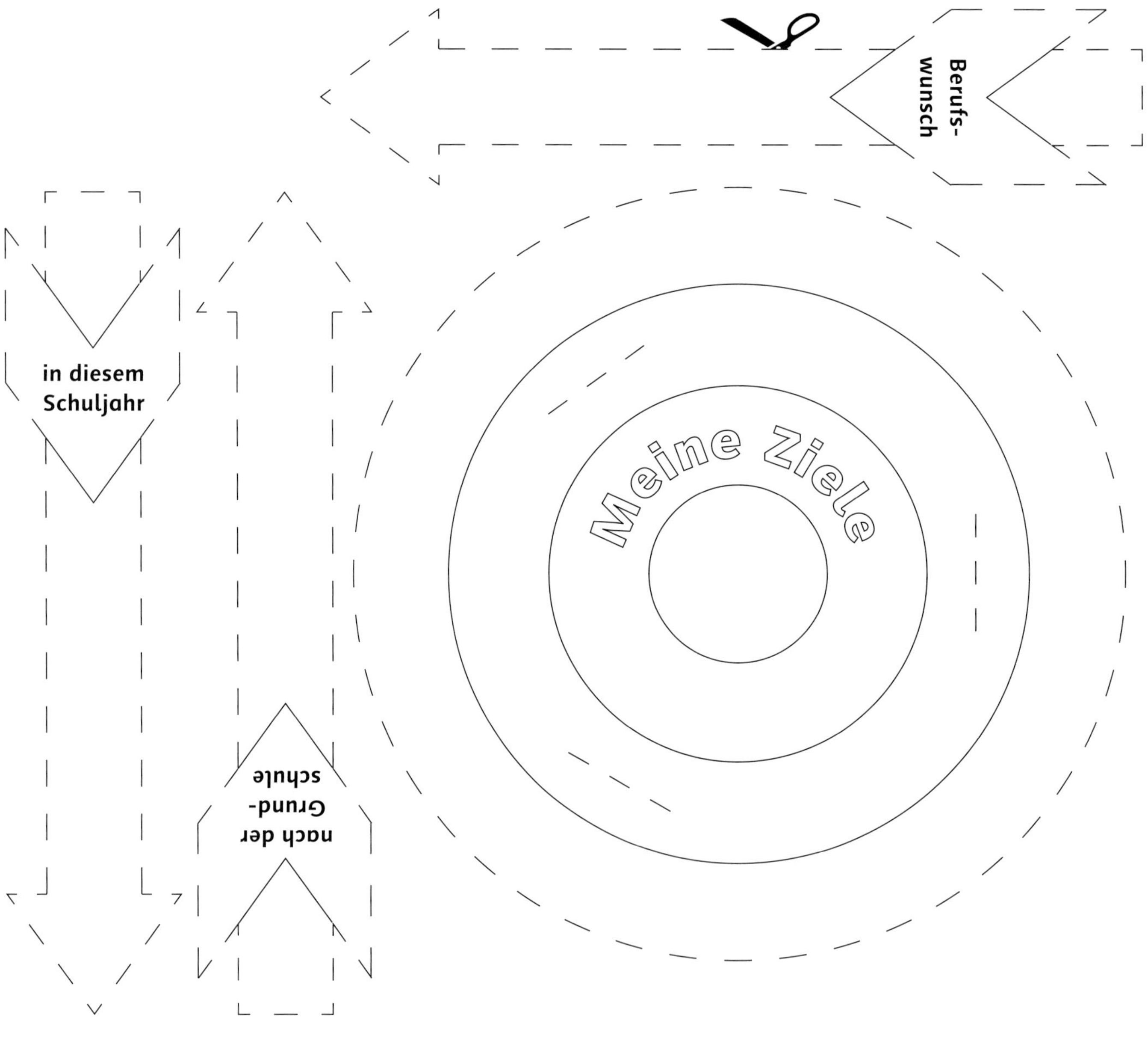

Das finde ich toll an mir

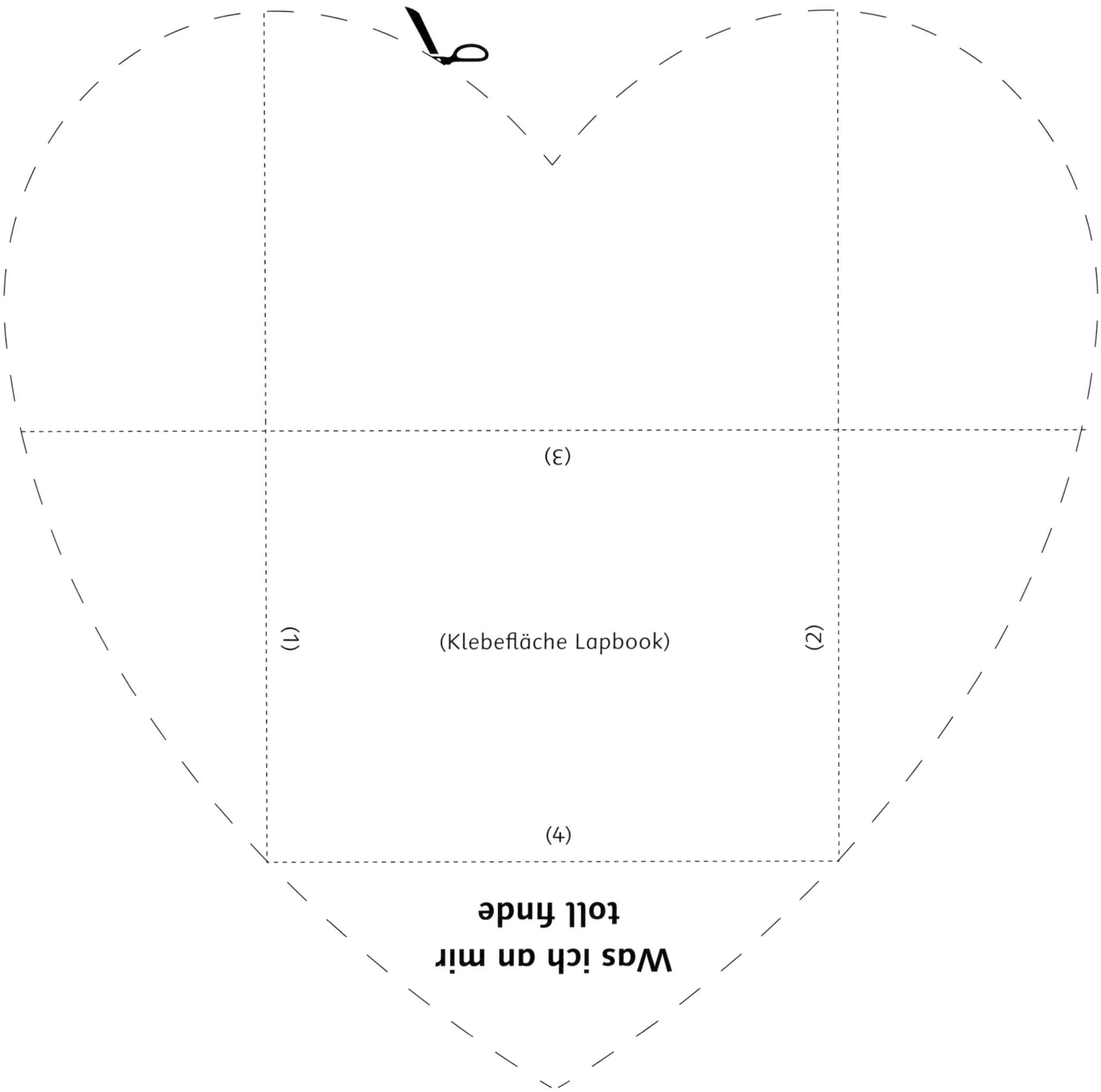

① Schneide das Herz an der Schneidelinie entlang aus.
② Drehe das Herz auf die Rückseite.

❸ Schreibe in die Innenseite des Herzens einen Brief an dich selbst, indem du notierst, was du an dir besonders toll findest.

④ Falte das Herz an den Faltlinien in der vorgegebenen Reihenfolge nach hinten.
⑤ Klebe den Brief mit der Klebefläche auf dein Lapbook.

So fühle ich mich

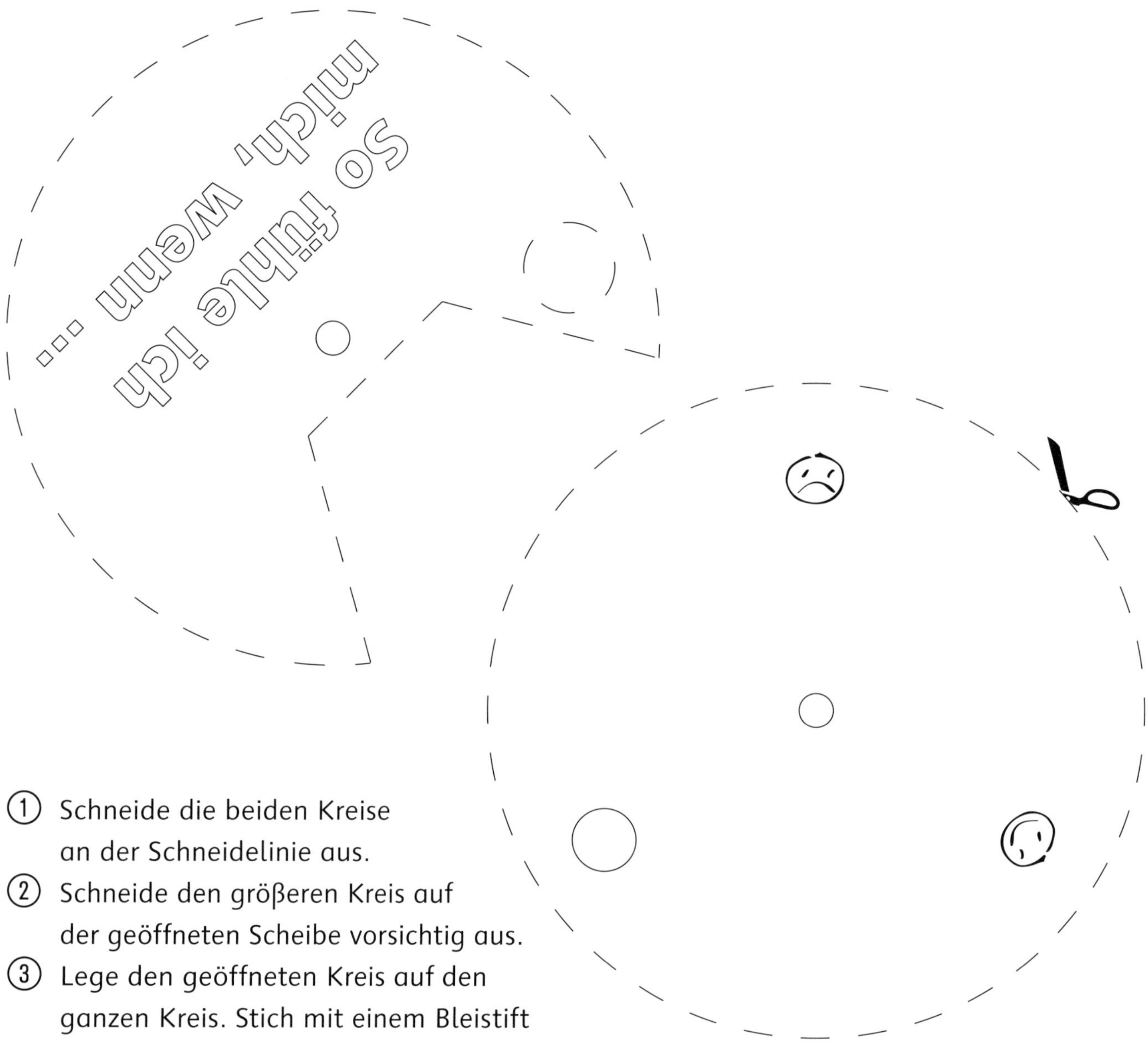

① Schneide die beiden Kreise an der Schneidelinie aus.

② Schneide den größeren Kreis auf der geöffneten Scheibe vorsichtig aus.

③ Lege den geöffneten Kreis auf den ganzen Kreis. Stich mit einem Bleistift oder einer Schere das Loch durch beide Kreise und verbinde sie mit einer Musterklammer.

❹ Drehe den oberen Kreis, bis du im kleinen Kreis ein Smiley siehst. Überlege, wann du dich schon einmal so gefühlt hast, und schreibe oder male diese Situation in den Kreisabschnitt.

❺ Überlege dir für den dritten Kreisabschnitt ein eigenes Smiley und finde eine passende Situation.

⑥ Klebe die Rückseite des großen Kreises auf dein Lapbook. Achte darauf, dass du die Musterklammer nicht mit festklebst, damit sie sich frei bewegen kann..

Das kann ich

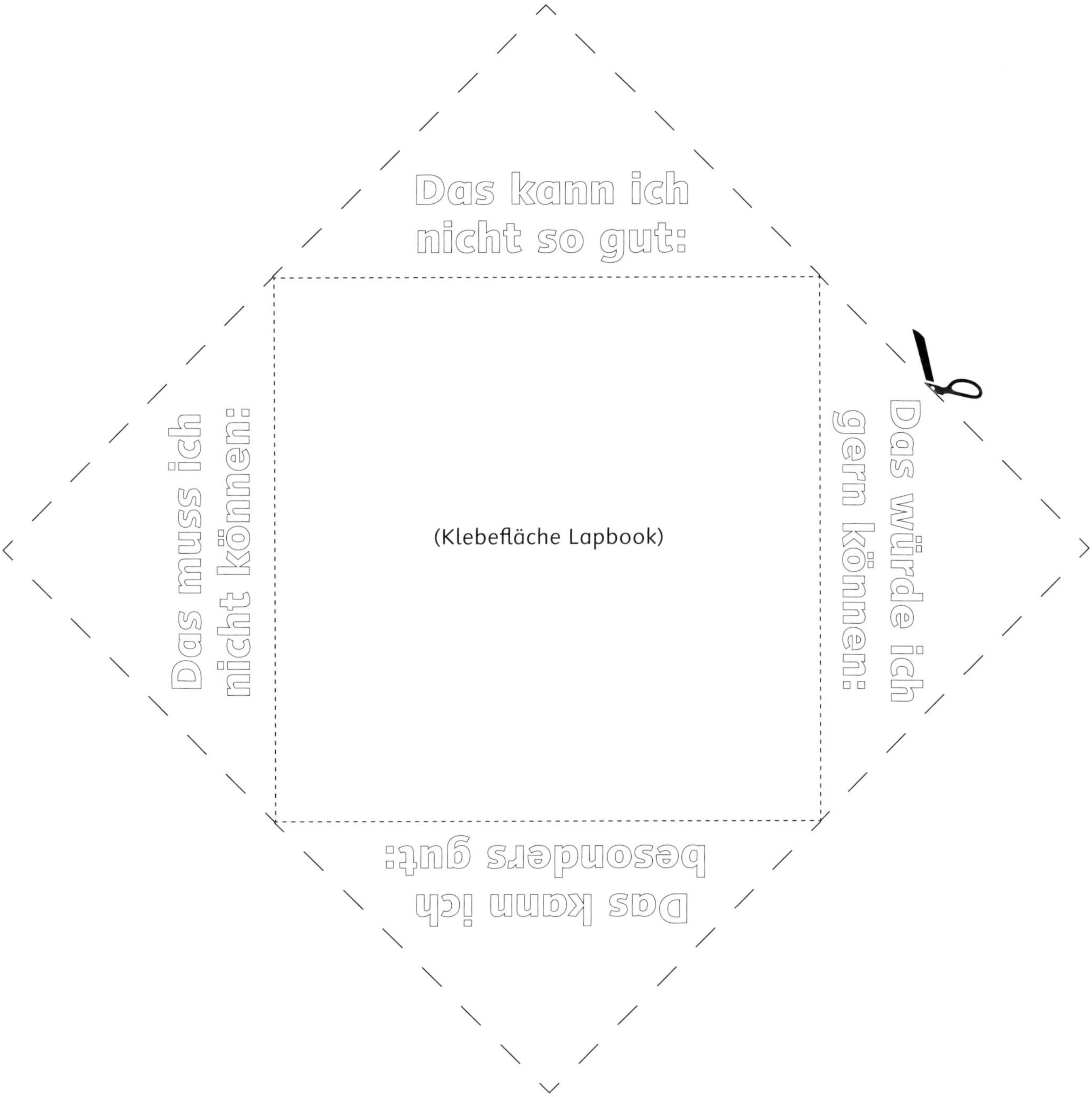

① Schneide das Quadrat an der Schneidelinie aus.

② Falte die Dreiecke an den Faltlinien nach hinten.

❸ **Öffne jeweils ein Dreieck. Schreibe oder male zu den Vorgaben auf die leere Fläche.**

④ Klebe das Minibuch mit der angegebenen Fläche auf dein Lapbook.

Wichtige Daten

① Schneide die Vorlage an der Schneidelinie aus.
② Schneide die Zeilen an der Schneidelinie vorsichtig ein.
Falte die Klappen an den Faltlinien.

❸ **Schreibe die geforderten Daten zu deiner Person auf die Rückseiten der Klappen.**

④ Klebe das Minibuch nur auf der Rückseite von „Wichtige Daten" auf dein Lapbook, sodass du die Klappen öffnen kannst.

Vorname	**Wichtige Daten**	**Nachname**
Straße, Hausnummer		**PLZ Wohnort**
Telefonnummer		**E-Mail**
Geburtsdatum		**Geburtsort**
Konfession		**Unterschrift**

Wenn ich erwachsen bin

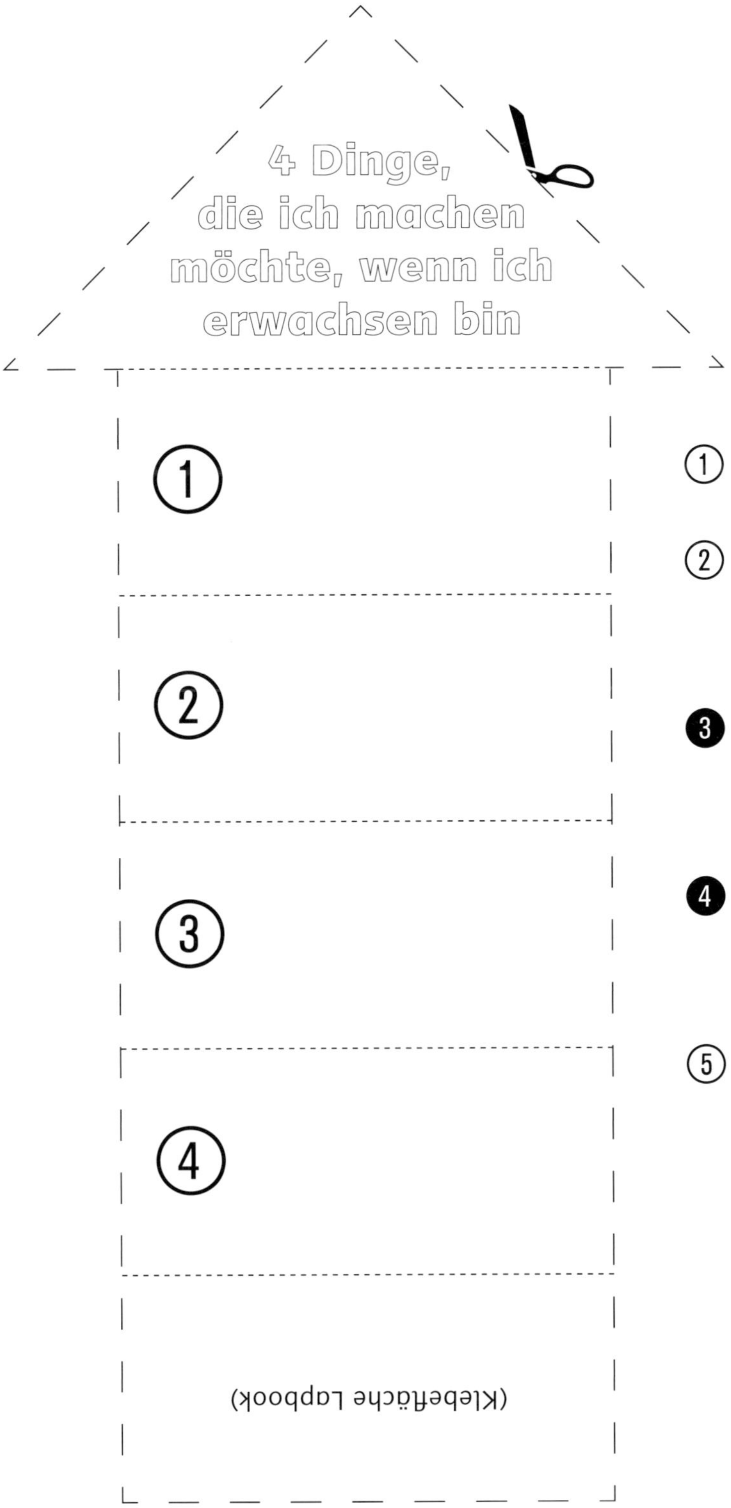

1. Schneide die Vorlage an der Schneidelinie aus.
2. Falte den Pfeil an den Faltlinien wie eine Ziehharmonika zusammen, sodass nur noch das Dreieck zu sehen ist.
3. **Überlege dir vier Dinge, die du gern machen möchtest, wenn du erwachsen bist.**
4. **Ordne diese von 1 (am wichtigsten) bis 4 (weniger wichtig) und schreibe sie in die Felder des Pfeiles.**
5. Klebe den Pfeil mit der angegebenen Klebefläche auf dein Lapbook.

Mein schönster Tag

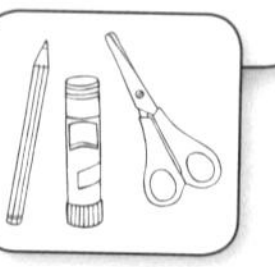

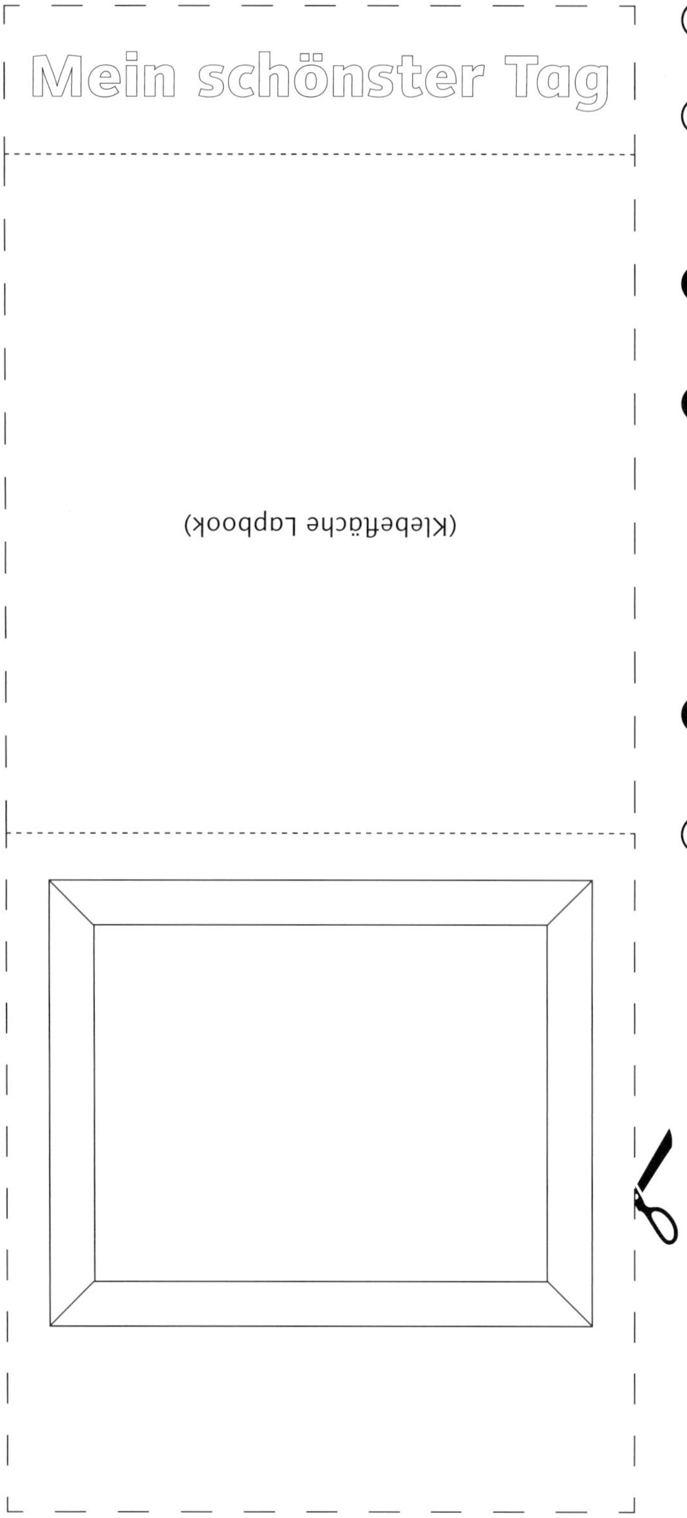

① Schneide die Vorlage an der Schneidelinie aus.

② Falte die beiden Seitenteile nach hinten, sodass die Schrift über dem Bilderrahmen zu sehen ist.

❸ **Denke an deinen schönsten Tag, den du bis jetzt erlebt hast.**

❹ **Beschreibe deinen Tag in deinem Minibuch.**
- **Wann war er?**
- **Was ist passiert?**
- **Wer war dabei?**
- **Warum war er dein schönster Tag?**

❺ **Zeichne in den Bilderrahmen ein passendes Bild zu deinem schönsten Tag.**

⑥ Klebe dein Minibuch mit der angegebenen Klebefläche auf dein Lapbook.

Meine Körpermaße

Meine Maße

(Klebefläche Lapbook)

Meine Taille

umfängt .... cm.

Ich

bin .... cm groß.

Mein Kopfumfang

beträgt .... cm.

Meine Arme

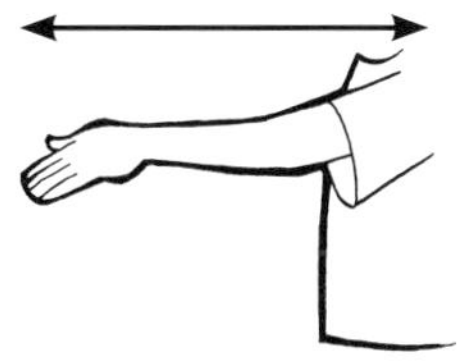

sind .... cm lang.

Meine Beine

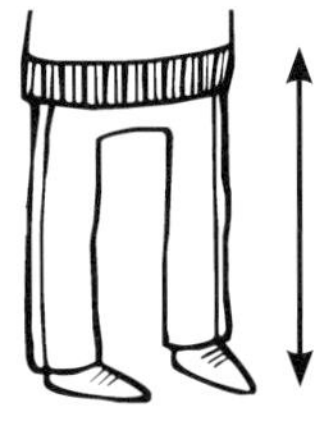

sind .... cm lang.

Meine Hand

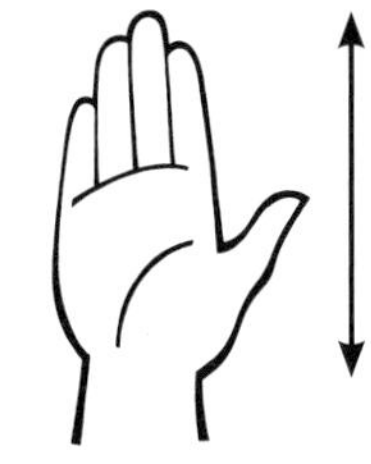

ist .... cm lang.

Mein Fuß

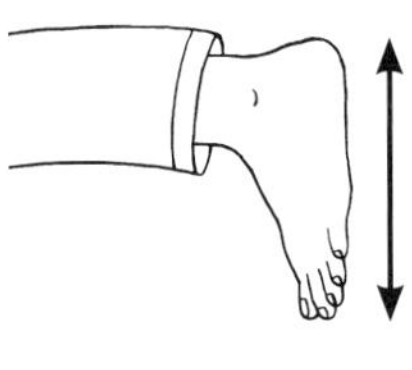

ist .... cm lang.

① Schneide die Tasche und die Karten an den Schneidelinien aus.

② Falte die Seiten und die Rückseite der Tasche an den Faltlinien nach hinten.

③ Klebe die Seitenlaschen auf die Rückseite.

❹ **Miss mit einem Maßband die gesuchten Körpermaße nach und schreibe die gemessenen Zentimeter auf.**

⑤ Klebe die Tasche auf dein Lapbook und stecke die Karten hinein.

Meine Freizeit

Meine Freizeit

① Schneide alle drei Vorlagen an den Schneidelinien aus.

② Lege die drei Seiten aufeinander (Titel, 2. Seite, 3. Seite).

③ Hefte die Seiten mit einem Heftgerät an den angegebenen Stellen zusammen.

❹ **Überlege, wie du gern deine Freizeit verbringst: Was machst du gern allein? Was machst du gern mit jemandem zusammen?**

❺ **Gestalte zu beiden Varianten eine Seite. Du kannst dazu malen oder schreiben.**

⑥ Klebe dein Minibuch mit der Rückseite auf dein Lapbook.

Allein

2. Seite

Zusammen

3. Seite

Platz für Kleinigkeiten

Du hast auf deinem Lapbook noch Platz für ein kleines Minibuch?
Hier findest du Ideen:

① Schneide deine ausgewählte Form an der Schneidelinie aus.

② Falte die Form an der Faltlinie und klappe sie wieder auf.

❸ Schreibe die Antworten auf die Rückseite deines Minibuches.

④ Klebe deine Form mit der Rückseite der kleineren Fläche auf dein Lapbook.

© Verlag an der Ruhr | Autorin: Doreen Blumhagen | Illustration: Anja Boretzki | ISBN 978-3-8346-3117-6 | www.verlagruhr.de

Medientipps

Bauer, Karen; Drew, Rosa:
Ohne Arbeitsblatt geht's auch!
Verlag an der Ruhr, 2008.
ISBN 978-3-8346-0419-4

Botka, Gwen u. a.:
Ohne Arbeitsblatt geht's auch – Bd. 2.
Verlag an der Ruhr, 2014.
ISBN 978-3-8346-2476-5

Fairfax, Barbara; Garcis, Adela:
Zum Schreiben verführen!
Verlag an der Ruhr, 2009.
ISBN 978-3-8346-0482-8

Ferrarÿ, Alexandra:
111 Ideen für den geöffneten Unterricht.
Verlag an der Ruhr, 2012.
ISBN 978-3-8346-0940-3

Kahler, Maiko:
Kinder organisieren eigene Lernwege.
Cornelsen Verlag Scriptor, 2015.
ISBN 978-3-589-16291-8

Kurt, Aline:
30 x soziales Lernen für 45 Minuten – Klasse 1/2.
Verlag an der Ruhr, 2015.
ISBN 978-3-8346-2720-9

Kurt, Aline:
30 x soziales Lernen für 45 Minuten – Klasse 3/4.
Verlag an der Ruhr, 2015.
ISBN 978-3-8346-2721-6

Laak, Anke van:
Für mehr Methodenvielfalt in der Grundschule.
Cornelsen Verlag Scriptor, 2015.
ISBN 978-3-589-16225-3

Lurz, Dominique; Scherrer, Barbara:
111 Ideen für selbstständiges Präsentieren.
Verlag an der Ruhr, 2013.
ISBN 978-3-8346-2430-7

Mayers, Andrea; Winkler, Yvonne:
Sozial- und Selbstkompetenz lernen, m. Audio-CD.
Brigg Pädagogik, 2011.
ISBN 978-3-87101-705-6

Wierz, Jakobine:
Kreativität fördern – Intelligenz entwickeln.
Ökotopia, 2010.
ISBN 978-3-86702-113-5